UNA VIDA ENCENDIDA

MIGDALIA RIVERA

Las citas de la Escritura marcadas (RVR 60) han sido tomadas de la versión Reina-Valera 1960 ® © Sociedades Bíblicas en América Latina, 1960. Todas las citas de la Escritura han sido tomadas de la Santa Biblia, Nueva Versión Internacional® NVI® © 1999, 2015 por Bíblica, Inc.®, Inc.® Usadas con permiso de Bíblica, Inc.® Reservados todos los derechos en todo el mundo.

UNA VIDA ENCENDIDA

Bajando el conocimiento de Dios de la mente al corazón
POR MIGDALIA RIVERA

Publicado y Distribuido por **EDITORIAL RENACER**
Paperback   978-1-963920-16-1
Hardback   978-1-963920-17-8
E-book   978-1-963920-18-5
Diseño de Portada: Herson A. Rodríguez - Pablo Montenegro
Diseño de Interior: Pablo Montenegro - Pablo Snyder

IMPRESO EN COLOMBIA
Ninguna parte de este libro puede ser reproducida o transmitida de ninguna manera ni por ningún medio, electrónico o mecánico, fotocopiado o grabado, ni por ningún sistema de almacenamiento y recuperación (o reproducción) de información, sin permiso por escrito del autor.

DEDICATORIA

Este libro está dedicado a mis padres, Rafael Rivera y Julia Bajandas, por mostrarme a través de sus vivencias el conocimiento del ser más grande en mi existencia: el maravilloso, único y verdadero Dios. Ellos me enseñaron sobre su soberanía eterna, su poder y victoria, su constancia, fidelidad y amor incondicional. Me mostraron al Dios que nunca se cansa, al que perdona y cuyo entendimiento lo supera todo, al que aún sigue reinando, obrando milagros y cumpliendo fielmente cada una de sus promesas.

PRIMERAS PALABRAS. **INVITACIÓN AL LECTOR.**

Querido lector, es un privilegio poder invitarlo a disfrutar de la siguientes páginas. Junto a mi esposa Patricia, hemos tenido el privilegio de editar, revisar y disfrutar este libro. Es la obra prima de una autora muy querida por nosotros y anticipo que será la primera de muchas.

Migdalia tiene mucho en su corazón bien grande para seguir compartiendo en el futuro. Se dará cuenta desde las primeras páginas, que el estilo fresco, claro, sencillo de su pluma hará que le parezca estar compartiendo una taza de café con ella.

Amiga y esposa de un gran amigo, pastora, madre, cantante, luchadora e innovadora, Migdalia nos ha dado el privilegio anticipado de disfrutar *"Una vida encendida"* y nos ha honrado al dejarnos participar de parte del proceso. Es por eso que, con seguridad y con énfasis lo invito a que preste atención a lo que está por leer en estas páginas.

Conocemos a Migdalia y a Nelson desde hace un largo tiempo y también de una manera profunda, no por mérito nuestro, sino porque se han dejado conocer y eso es muy importante a la hora de una recomendación. Con ellos trabajamos en muchos proyectos dentro de la editorial y el sello musical que dirigí por muchos años y luego en mi andar en el pastorado y el mundo de las traducciones bíblicas, hemos seguido en contacto, pues siempre han mostrado un genuino interés de poder entender la palabra de Dios para poder transmitirla con eficacia, con entendimiento y con poder. En este libro encontrará mucho conocimiento sencillo pero profundo. Lo que yo defino como *101 teología práctica*. Reflexiones acerca de la vida en el Espíritu, de la necesidad de que nuestro espíritu se conecte con el Espíritu y de nuestra necesidad del fuego de Dios que evidencia su presencia en nosotros.

También podrá conocer, a través del testimonio de la autora, cómo el Señor está y seguirá en control de sus hijos, cómo Jesús ha trabajado en la vida de ella, de su familia y de su iglesia, y podrá identificarse con la manera en que, hasta ahora, Dios ha trabajado en usted.

Espero que disfrute su lectura tanto como nosotros lo hicimos, y que las enseñanzas que reciba a través de estas páginas lo acerquen a Dios. Deseo que estos conceptos "intelectuales" de su fe desciendan de su mente a su corazón, para que, como dice la autora, nuestro conocimiento de Dios se convierta en una vivencia personal. Las vivencias se procesan con el corazón y eso es lo que deseo para usted querido lector. Que Dios sea, no sólo conocimiento intelectual, sino en entendimiento vivencial en su vida.

¡Que el Señor le bendiga ricamente!

— Pastor Dr. Esteban Fernández

CONTENIDO

DEDICATORIA 3

CONTENIDO 7

PRÓLOGO 9

RECONOCIMIENTOS 15

AGRADECIMIENTOS 17

INTRODUCCIÓN 21

CAPÍTULO 1
¿Qué es el fuego de Dios? 31

CAPÍTULO 2
El fuego de Dios consume 51

CAPÍTULO 3
El fuego de Dios purifica 79

CAPÍTULO 4
El fuego de Dios ilumina el camino 109

CAPÍTULO 5
El fuego de Dios ahuyenta enemigos 143

CAPÍTULO 6
El fuego de Dios calienta la casa 177

CAPÍTULO 7
Mantener la llama ardiendo... 213

CAPÍTULO 8
El avivamiento que necesitamos 237

CAPÍTULO 9
¿Y ahora qué? 259

PRÓLOGO

EL FRUTO DE LA ESPERA

Conocí a la que sería el amor de mi vida en octavo grado, cuando ambos teníamos trece años. La primera vez que la vi, estaba recostada en una pared y yo, jugando a ser el típico niño travieso, intenté asustarla golpeando la pared cerca de ella, pero accidentalmente la golpeé en el rostro. Ella amenazó con decírselo a su mamá, doña Julia Bajandas. Ese incidente ocurrió un viernes, y para el lunes siguiente, ambos coincidimos en que habíamos soñado el uno con el otro. Así comenzó nuestra increíble historia de amor. En aquel momento, yo no tenía idea de que ella era hermana de las ya conocidas **Hermanitas Rivera**, pero su sencillez y humildad —cualidades que aún mantiene— me enamoraron por completo. Cuando le pedí que fuera mi novia y me dijo que no, tomé su mano, insistiendo en que ella sería mi novia, sí o sí.

Migdalia siempre fue muy tímida. Fue después de nuestra boda, cuando ambos teníamos diecinueve años, que el ministerio de las **Hermanitas Rivera** resurgió y Migdalia se integró por completo, empezando nuevas grabaciones y presentaciones. Su timidez hacía que ella siempre le diera espacio a todo el mundo y nunca pretendía el papel principal. Jamás sintió la necesidad de destacarse, al contrario, su enfoque siempre estuvo en otros.

Esta dinámica ha sido una constante en nuestro matrimonio. Cuando nos casamos, ella me permitió florecer como productor musical, a pesar de ser ella misma una talentosa cantante, ya con cierto reconocimiento. Luego al mudarnos a la ciudad de Miami a trabajar en *Editorial Vida,* me confesó: "Voy a posponer mi ministerio para dedicarme a los hijos, para que te desarrolles en lo que tú estás haciendo". Así es ella, quiere que todos los demás prosperen, incluso si eso implica posponer sus propias metas. Durante nuestro matrimonio, siempre ha sido así: ella me ha respetado, dándome mi espacio y celebrando mis logros. Sin reproches, sacrificó lo de ella para que yo pudiera crecer. Como pastor, veo aún ese ADN en lo que hace, ya sea en la iglesia o con los líderes; cuando ve el potencial en alguien, inmediatamente se esfuerza por impulsarlo a seguir adelante y crecer.

Cuando Dios la llamó al ministerio, su timidez desapareció, todo cambió. "Nelson, los años están pasando y siento la urgencia de redimir el tiempo y obedecerle a Dios", me confesó. Además, añadió: "Ya llegó el tiempo de hacer lo que Dios me diga que haga, no es porque yo quiera florecer o porque quiera hacer algo para mí, sino porque ya no puedo ignorar ese llamado. Hay algo que Dios quiere que yo haga".

Confieso que ya no es la misma persona tímida de antes. Ella misma afirma: "Quienes me han conocido por años saben que yo no soy la misma, este cambio no fue algo que busqué. Lo

PRÓLOGO

que realmente me impulsa es esa pasión intensa que siento por dentro. Es como si Dios me hubiera encendido un fuego que me empuja a seguir adelante. Y es ese mismo fuego, esa misma pasión, lo que quiero que mi gente reciba". Por eso Migdalia se esfuerza para que otros reciban a través de lo que ella hace y que entiendan por qué y para quién lo está haciendo. Puedo afirmar con certeza que mi esposa se siente plena y feliz haciendo la voluntad de Dios.

Un 8 de enero de 1983, fue cuando nos encontramos frente al altar, prometiéndonos amor y compañía tanto en los momentos buenos como en los difíciles, hasta que la muerte nos separe. Ya son cuarenta y un años desde que comenzamos esta aventura de amor que ha resultado en una unión en donde Dios ha hecho muchos milagros. Hemos sido testigos de las maravillas que Dios ha realizado en nuestro matrimonio y en nuestra familia. Desde que nos casamos, hemos compartido sueños empresariales y de trabajo, siempre juntos en nuestras empresas y en nuestro ministerio. Dios siempre ha sido generoso con nosotros, que hemos decidido siempre estar unidos en todo.

El llamado de Dios para ser pastores nos llegó estando en Florida, Él mismo hablándole directamente a Migdalia. No niego que yo estaba reacio, insistiendo que no me movería hasta sentir que Dios también me hablara directamente, especialmente porque el llamado implicaba mudarnos a Atlanta, Georgia. Ahora, después de catorce años desde que iniciamos *Casa Vida*, y aferrados a permanecer unidos en todo, podemos ver cómo Dios obra para bendecirnos y permitirnos ser una bendición para otros.

Migdalia siempre ha estado dispuesta a seguir a Dios desde el primer momento que le habló, mientras que yo siempre buscaba confirmaciones adicionales. Su pasión por la obra de Dios siempre ha sido evidente. Cuando finalmente decidí unirme a ella en este nuevo desafío, me dijo: "Solo confiemos en Dios. Él es el dueño de nuestra misión y proveerá todo lo necesario y abrirá las puertas que necesitemos, solo debemos tener fe".

Hoy estoy lleno de alegría después de haberla escuchado predicar y ministrar durante todos estos años, y al ver el impacto que Dios ha tenido en tantas personas y familias a través de *Casa Vida*. Se hace realidad eso que ella describe como el fuego de Dios, que ilumina nuestro camino y nos motiva a cumplir con lo que Él nos pide. Con gran humildad y sencillez, Migdalia comparte desde su corazón muchísimas experiencias personales y familiares que hemos vivido, mostrando cómo, al confiar en Dios, recibimos milagros. Tantas vidas han sido transformadas por el poder de la Palabra, incluso yo, que he compartido mi vida con ella, me he sentido profundamente tocado por lo que Dios está haciendo a través de su dedicación, movida por ese fuego y pasión que la lleva a servir a Dios.

A los nueve años, Dios le puso un anhelo en su corazón. Ella sabía que ese fuego es el fuego que Dios quiere que arda en todo el mundo. Ella entiende que su testimonio y lo que está viviendo, y aún más, lo que va a vivir, es lo que ayudará a encender la llama a quienes la han perdido por situaciones difíciles. Mientras ella pasaba por procesos duros, la llama se encendía más. Yo entiendo que eso va a ayudar a mucha gente que está pasando por diferentes pruebas para que su llama se encienda más para servir y hacer la voluntad del Padre.

Este libro que les presentamos cambiará sus vidas para siempre con ese mismo fuego divino. Era necesario que Migdalia compartiera su testimonio y las experiencias que ha tenido con Dios, para bendecir a otros. Todo lo que hace es con el deseo de encender en otros el fuego de Dios, para que crean en Él y se animen a mantener viva esa llama, incluso en los momentos en que parece querer apagarse.

Migdalia, eres una mujer hermosa, una madre excepcional, una esposa fiel y, sobre todo, alguien que ama a Dios por encima de todo. Estoy seguro de que lo que has escrito en este libro viene directamente de Dios y que pronto verás los frutos de este nuevo comienzo que Dios siempre ha deseado para ti. Y claro, conmigo a tu lado, seguiremos cumpliendo con la voluntad de Dios como lo hemos hecho siempre.

Continuaremos confiando en Dios, y estoy convencido de que este es solo el primero de muchos libros que escribirás para llevar bendición a todo el mundo. ¡Porque Dios no deja de inspirarte! Espero que sigas compartiendo y bendiciendo a los demás.

Te amo con todo mi corazón.
Tu esposo que te ama por siempre.

— Nelson Rodríguez

RECONOCIMIENTOS

Componer letras y melodías que exalten la grandeza de Dios es mi pasión, y poder interpretarlas en cualquier escenario es un privilegio inigualable. Para mantener esta dedicación de manera efectiva a lo largo de los años, hace falta una "Estamina" especial, un fuego divino que arde en el interior. Leer este libro es una recarga divina y un medio a través del cual el fuego de Dios se revela como una necesidad fundamental para todo creyente, iluminando el camino de la fe con una luz inextinguible.

— Redimi2

Me siento muy emocionada por este maravilloso libro de una gran mujer de Dios. Trabajando por 27 años como terapeuta del pueblo de Dios les aseguro que este tema es vigente y sumamente importante; porque las técnicas del mundo pueden fallar, pero el fuego de Dios en nuestras vidas nunca falla.

Estoy segura de que Dios te hablará en cada página, en las que Migdalia con mucha pasión, responsabilidad y guía del Espíritu Santo te llevará a reflexionar y experimentar las virtudes y dimensiones de ese fuego de Dios.

Quien puede hablar con conocimiento, revelación y autoridad de este tema es porque lo ha vivido a profundidad en su propia alma. ¡Que la llama siga encendida! ¡Que nada, ni nadie, la pueda apagar!

En este libro encontrarás testimonios con los que te podrás identificar. Gracias Migdalia, por la belleza de tu corazón y ser obediente para compartir las grandezas de Aquel que nos ha diseñado para disfrutar de un fuego que está determinado a crecer en nosotros más y más.

— Dra. Lis Milland
Consejera Profesional, Conferencista y Autora de libros Bestseller

AGRADECIMIENTOS

Antes de entrar a este viaje a través de estas páginas, no puedo evitar sentir una profunda gratitud por todos aquellos que han contribuido a hacer realidad este libro. Cada palabra escrita ha sido moldeada por la inspiración, el esfuerzo y el apoyo de personas especiales que merecen un reconocimiento sincero.

En primer lugar, quiero expresar mi agradecimiento a mi familia: mi esposo Nelson, mis hijos Iván, AB y Lilly, mi nuera Elisamar y mis nietos Luna, Camila, Luca e Isabela. A mi padre Rafael Rivera y a mi madre Julia Bajandas, que ya está con el Señor, gracias por cada historia que me contaban cada vez que hablábamos del tema del libro. Todos ustedes han sido el motor que me impulsó a seguir adelante.

Gracias *Casa Vida* en Atlanta, Georgia, la iglesia que pastoreo junto a mi esposo, quienes han sido mi fuente constante de inspiración, aliento y motivación; y quienes esperaron con mucha paciencia este libro. Agradezco cada minuto de apoyo que me regalaron para escribir y sus palabras de aliento y su fe en lo que Dios me ha dado. Gracias Jessica Morales por siempre ser una ayuda incondicional en la revisión, eres excelente.

Quisiera agradecer especialmente al pastor Frank López de *Jesus Worship Center* por las mentorías y el ejemplo de conducta empresarial que hemos recibido de él. A Otoniel y Omayra Font por haber sido siempre un factor de inspiración que ha sido también el combustible para mantenernos en constante movimiento y avance. A Juan Carlos Matos, propietario de *Radio Nueva Vida* en Puerto Rico, por su amistad incondicional y haber aprendido de él acerca del complejo mundo de las comunicaciones en el medio radial. Cuando hablamos de inspiración, cómo no agradecer a Willy (*Redimi2*) y a Daliza ¡Imposible! Gracias por cada noche de apoyo en conversaciones llenas de sueños para todos que hoy se siguen cumpliendo, sus ideas y deseos de verme crecer han sido impresionantes. Gracias por creer en lo que Dios ha puesto en mí.

Mi más sincero agradecimiento al Dr. Esteban Fernández y su esposa Patricia, por darme el último empujón después de pensar que ya no me quedaban fuerzas. Gracias por su generosidad en compartir su conocimiento y su tiempo para corregir este libro y darle los detalles finales. Esteban y Patricia, siguen dejando marcas duraderas en mi corazón y en este proyecto. Gracias por enriquecer estas páginas con la *"Invitación al lector"* y por poner a Nelson a escribir. Son una manifestación visible del amor de Dios.

Un agradecimiento especial al Dr. Samuel Pagán, cuya sabiduría y orientación han iluminado mi camino en momentos de duda. Su contribución ha sido inestimable y ha dado forma a la dirección de este libro. Al licenciado Magdiel Narváez, tu generosidad al tomar este libro y dedicar tiempo para leerlo por

AGRADECIMIENTOS

completo ha sido un honor para mí. Valorar tus valiosas recomendaciones y observaciones ha enriquecido enormemente este proyecto. También quiero agradecer a mis lectores, quienes son la razón por la cual esta historia encuentra su propósito.

No podría dejar de mencionar a mis editores y colaboradores, cuyo arduo trabajo ha llevado este manuscrito a nuevas alturas. Gracias a Analía Duo, una editora maravillosa; su ejemplo me impulsa cada día, porque, aunque estuvo transitando situaciones difíciles, dedicó tiempo de donde no lo tenía para editar este libro. También reconozco el talento indiscutible de Rosa Pugliese, fuiste la mecha que encendió todo este proyecto cuando creíste en lo que había escrito.

Finalmente, quiero reconocer la fuente de inspiración y guía: mi amado "Jesucristo". Su gracia, favor y dirección han dado vida a cada palabra y han hecho que este viaje de escribir sea verdaderamente significativo. Con este libro quiero agradar y darle la gloria al que se la merece, Dios, mi Señor y Salvador, por las experiencias que me ha dado y por poder compartirlas con otros.

Este libro es un testimonio de la unión de esfuerzos, la pasión y el deseo de compartir el corazón de Dios a través de historias vividas. A todos ustedes, les ofrezco mi más sincero agradecimiento por ser parte de este viaje. Que estas palabras sirvan como una expresión humilde de mi gratitud y cariño y que sean la llama que avive cada corazón.

Chef Iván Clemente, gracias. Siempre has creído en el llamado que el Señor nos entregó. Tus oraciones han sido un escudo invisible, una fortaleza silenciosa que nos ha sostenido en cada paso del camino.

INTRODUCCIÓN

HAS SIDO CREADO PARA VIVIR EL FUEGO DE DIOS

"Y en los postreros días, dice Dios,
Derramaré de mi Espíritu sobre toda carne,
Y vuestros hijos y vuestras hijas profetizarán;
Vuestros jóvenes verán visiones,
Y vuestros ancianos soñarán sueños;
Y de cierto sobre mis siervos
y sobre mis siervas en aquellos días
Derramaré de mi Espíritu, y profetizarán.
Y daré prodigios arriba en el cielo,
Y señales abajo en la tierra,
Sangre y fuego y vapor de humo;
El sol se convertirá en tinieblas,
Y la luna en sangre,
Antes que venga el día del Señor,
Grande y manifiesto;
Y todo aquel que invocare
el nombre del Señor, será salvo".

HECHOS 2:17-21

E l fuego es uno de los símbolos más emocionantes, llamativos, fascinantes e inspiradores de la Biblia que nos muestra todos sus beneficios. Es fascinante porque siempre que vemos la manifestación del fuego de Dios, nos impacta, nos despierta, nos moviliza. El fuego de Dios tiene muchos beneficios; por ello cuando perdemos el fuego, también perdemos la paz, el gozo, perdemos la pasión y hasta el propósito del Señor para nosotros.

El pasaje de Hechos 2:17-21 puede ser considerado tanto una profecía como una promesa de lo que sucederá en el futuro, en un tiempo específico conocido como los "últimos días". Este pasaje es significativo tanto para el inicio de la iglesia cristiana, como para los últimos tiempos, para la iglesia cristiana en general.

Cada vez que escucho la palabra "fuego" (en referencia al fuego espiritual) recuerdo mi niñez. Tenía alrededor de diez años cuando mis hermanas mayores salían a cantar en campañas junto a evangelistas muy conocidos en la isla de Puerto Rico, donde vivíamos. Ellas no solo cantaban en ese tipo de eventos, sino también en iglesias y en cualquier reunión espiritual que hubiese en la isla, o fuera de ella. Las *Hermanitas Rivera* siempre estaban presentes. En ninguna de las reuniones faltaba el derramamiento y la manifestación del fuego de Dios cuando entonábamos una canción que decía: "Fuego divino clamamos a ti; ven de lo alto desciende aquí; oh ven despiértanos con tu fulgor; ven y avívanos con tu calor; baja del cielo bendito fuego baja poder celestial".

INTRODUCCIÓN

La historia que me contó mi padre sobre esta canción parece capturar la esencia de lo que abordaré en este libro. Un día, estando en casa, él encontró un himnario que nunca supo cómo había llegado hasta allí. Comenzó a hojearlo y descubrió esta canción del fuego divino. Él nunca antes la había escuchado, así que no conocía ni su melodía ni su ritmo, sin embargo, al comenzar a leer sus estrofas, llegó a la conclusión de que si la letra dice "fuego divino clamamos a ti; ven de lo alto desciende aquí", se imaginó que la música debía ser alegre, rápida y movida ya que el fuego inspira movimiento y avance. Mi padre, lejos de ser lento o perezoso, era un gran músico y productor en Puerto Rico. Agarró su guitarra y comenzó a tocar una melodía alegre que interpretó para que coincidiera con la letra "fuego divino". La música alegre la combinó con un ritmo tan rápido, tan acelerado que apenas daba tiempo para respirar entre los espacios de cada estrofa de la canción.

La velocidad con que esta canción llegó a ser conocida en lugares que jamás hubiéramos imaginado, parecía coincidir y estar impulsada por la velocidad de su ritmo. Mucha gente llegó a conocer el ministerio de las **Hermanitas Rivera** por este coro de música alegre y rápida que provocaba el derramamiento de la presencia de Dios y milagros extraordinarios. Yo lo recuerdo como el "coro del fuego" porque el lugar en donde lo cantábamos parecía arder.

La historia de esta canción continuó años más tarde, cuando mi padre escuchó cantar la versión original de este coro por un hombre que lo hacía con un ritmo lento y pasivo. Mi padre quedó impresionado y se preguntaba de lo que pudo haber entendido el compositor original, acerca del "fuego divino" que lo llevó a usar una música tan sosegada.

Curioso detalle el de este coro, porque cuando nosotros hablamos de fuego no podemos hablar de nada lento o pasivo. Este es mi mensaje para ti: que en los últimos tiempos Dios nos encuentre ardiendo en fuego y no apagados. No le pongamos música lenta o pasiva a nuestras vidas; el poder de Dios, a través de su Espíritu, se mueve con fuerza, con rapidez y avanza.

Como cada oración tiene un verbo, lo que nosotros hablamos tiene que ir acompañado con una acción, con un mover, con algo que va más allá de recitar palabras. Esto es lo que comparto en este libro, cómo vivir en el fuego de Dios, en el fuego prometido, en el que todos queremos y para el que fuimos transformados a través de Cristo.

Era impresionante ver lo que sucedía cada vez que comenzábamos a cantar este coro. Todos los que estábamos presentes en el lugar podíamos sentir el peso de la gloria de Dios y ver las manifestaciones del Señor plasmadas físicamente en las personas.

INTRODUCCIÓN

Jamás podré olvidar algo que sucedió durante una de las campañas evangelísticas que se realizó en una iglesia de mi pueblo cuando yo tenía apenas diez años. En un momento dado, la esposa del pastor pasó al altar para pedir por su sanidad y cayó al suelo en descanso, justo al lado de mi mamá. Yo me encontraba en su falda mirando atentamente todo lo que sucedía. Las dos (mi madre y yo) vimos muy de cerca y con lujo de detalles la manifestación de Dios en aquella mujer. Fue como contemplar al mejor dentista, al más experimentado, trabajando sin anestesia ni instrumentos de alta tecnología. De forma sobrenatural, vi la mano de Dios abrir la boca de aquella mujer y actuar en ella. Su cabeza se movía de la misma manera que cuando vamos al dentista. Para poder arreglar nuestros dientes, el dentista nos dice: "Mueva la cabeza hacia atrás… bájela un poco… un poco más hacia el lado…", y acompaña el pedido con sus manos sobre nuestra cabeza. Exactamente así se movía la cabeza de la esposa del pastor. La mano de Dios estaba moviendo su cabeza hacia la izquierda, hacia la derecha, hacia arriba. Parecía que su mano estaba detrás de su cuello impulsándolo para mover su cabeza. Era impresionante ver cómo su boca se abría más grande, más pequeña. En su rostro se podían ver gestos como los que hace una persona cuando es atendida por el dentista. Ella también emitía sonidos como si estuviese tratando de hablar con la boca llena y abierta. Como tratando de decirle algo a alguien. De repente, empecé a ver cómo la sangre y todo lo que salía de su boca era extraído sobrenaturalmente, sin necesidad de bisturí, aguja o cualquier otro instrumento de trabajo utilizado por los dentistas. Creo que ella pasó como unos cuarenta minutos allí en el piso hasta que sobrenaturalmente vi una mano cerrándole la boca. Luego de otros diez minutos, ella comenzó como a despertar de su anestesia. Abrió sus ojos e inmediatamente alguien que estaba a su lado le dijo: "Abre tu boca, permíteme ver tus dientes". Todos pudimos observar algo sobrenatural que había sucedido. Sus muelas tenían una hermosura única, nunca vista antes. Tenía un nuevo relleno en sus muelas con forma de cruz, con un color y brillo de metales muy distintos a los conocidos. Eran arreglos divinos. Manifestaciones del fuego de Dios en la vida de aquella mujer.

Dios no tiene reparos; Él quiere manifestarse y lo hará, y está dispuesto a hacerlo contigo hoy también. Él quiere que tengas experiencias divinas de su fuego ahora mismo. Si Dios lo hizo antes y lo ha prometido en su palabra, lo hará otra vez porque Él es el mismo por siempre. Él no cambia y no miente (Malaquías 3:6, Números 23:19). La naturaleza constante e inmutable de Dios, así como su veracidad y fidelidad, permitirá que vivamos lo que Él mismo dijo.

Es lamentable ver en estos tiempos que algunos cristianos han perdido el deseo de prepararse y de estar comprometidos. Existe una frialdad y apatía que los lleva a creer que no es necesario ni siquiera congregarse en una iglesia, y piensan que con tener sus devocionales personales es suficiente.

INTRODUCCIÓN

Un ejemplo bíblico de esta frialdad lo encontramos en Mateo 25:8: "Y las insensatas dijeron a las prudentes: Dadnos de vuestro aceite; porque **nuestras lámparas se apagan**" (énfasis agregado). Lo que sucedía con estas vírgenes es que habían perdido hasta el deseo de prepararse. Dieron por sentado que estaban listas y no estuvieron velando ni preparándose para ese gran momento porque pensaban que lo que tenían era suficiente y no necesitaban más esfuerzo. Nunca permitamos que el cansancio de lo abrumador de la vida pueda más que la pasión y el propósito divino.

No debemos asumir automáticamente que la experiencia previa que hemos tenido con Dios es suficiente. Aunque hayamos esperado mucho tiempo sin ver un movimiento evidente, no debemos resignarnos. Mantengamos viva la llama del deseo por lo que el Señor nos ha prometido; algo está por suceder y no debemos rendirnos.

> "Hermanos míos, considérense muy dichosos cuando tengan que enfrentarse con diversas pruebas, pues ya saben que la prueba de su fe produce perseverancia. Y la perseverancia debe llevar a feliz término la obra, para que sean perfectos e íntegros sin que les falte nada".
>
> SANTIAGO 1:2-4, NVI

Sin embargo, lo que parece inalcanzable para aquellos que encuentran justificación en rendirse, no se materializa en la realidad de aquellos que permiten que la llama divina arda en sus vidas. Es crucial recordar que hemos sido diseñados para poseer y vivir el fuego divino, y al tener esta naturaleza, es imperativo que mantengamos encendida nuestra propia llama. Como creaciones divinas, no podemos permitir que se extinga el fuego que nuestro Creador ya ha depositado en nosotros; y mantenerlo encendido es una necesidad en la que debemos perseverar.

No permitas que se apague el fuego en tu vida espiritual. No pierdas el gozo, la pasión, el compromiso, la búsqueda, la oración, el ayuno. Estas dos últimas disciplinas son fundamentales en la vida del cristiano, tal como Jesús respondió a sus discípulos cuando le preguntaron por qué no habían podido echar fuera un demonio: "Pero este género no sale sino con oración y ayuno" (Mateo 17:21).

¿Qué intenta agotarte? ¿Qué te lleva a creer que Dios ya no está a tu lado? No olvides que la ausencia del fuego divino en la vida de muchos ha traído depresión, ansiedad, confusión y angustia en este tiempo, incluso en aquellos que profesan la fe cristiana. Es por lo que numerosas personas, incluyendo pastores, llegan a tomar decisiones tan trágicas como quitarse la vida.

Estamos atravesando tiempos difíciles, pero también reconocemos que estamos en los tiempos finales y que lo que nos aguarda es mejor que lo que experimentamos ayer. Por esta razón,

INTRODUCCIÓN

debemos adoptar la sabiduría de las vírgenes prudentes que, según Mateo 25:4 "…tomaron aceite en sus vasijas, juntamente con sus lámparas", y cuando "…vino el esposo; y las que estaban preparadas entraron con él a las bodas; y se cerró la puerta" (Mateo 25:10). Sigamos este ejemplo de prudencia. La palabra de Dios nos exhorta: "Velad, pues, porque no sabéis el día ni la hora en que el Hijo del Hombre ha de venir" (Mateo 25:13). Hoy, lo mejor que puedes hacer es recobrar fuerzas y perseverar, manteniéndote constante en la búsqueda, en el servicio y en la pasión por Dios. Decide que el fuego divino en ti no se extinguirá y avanza. Estoy segura de que presenciarás una manifestación del poder de Dios tan pronto lo hagas.

> "Así que, hermanos míos amados, estad firmes y constantes, creciendo en la obra del Señor siempre, sabiendo que vuestro trabajo en el Señor no es en vano".
> 1 CORINTIOS 15:58

Prepárate, porque a medida que comiences la lectura de este libro, sé que el fuego de Dios se moverá y se manifestará en tu vida de una manera distintiva y única. Estoy segura de que experimentarás la teofanía de Dios.

Por mi parte, continuaré orando por ti, para que, al igual que yo, seamos testigos y experimentemos el poder del fuego de Dios tal como Él lo prometió.

CAPÍTULO 1 |

¿QUÉ ES EL FUEGO DE DIOS?

EL FUEGO DE DIOS AVIVA NUESTRA FE, TRANSFORMA CORAZONES Y NOS IMPULSA A VIVIR CON PROPÓSITO.

CAPÍTULO 1

Antes de continuar explicando los propósitos del fuego de Dios, permíteme definir qué es exactamente el fuego de Dios. Todos necesitamos este fuego, sin excepción. El fuego de Dios es una teofanía, lo que significa una aparición, manifestación visible y perceptible de la presencia divina a los seres humanos. En otras palabras, constituye un evento en el cual Dios se revela de manera tangible a las personas. Es un fenómeno inherente a la naturaleza divina, una de las cualidades esenciales de Dios. Hemos visto esta manifestación de la divinidad de Dios tanto en el Antiguo como en el Nuevo Testamento. Como leímos en Hechos 2:17-21, la Biblia nos enseña que Él se manifestará con gran poder en los últimos tiempos.

Para comprender el fuego de Dios, te digo que es una manifestación divina tan profunda, que aquellos que vivimos para Él podemos identificar y percibir cuando estamos llenos de su Espíritu Santo. Ese fuego es algo que necesitamos sentirlo, vivirlo y compartirlo. Debe ser parte de nuestra propia historia.

Hay una naturaleza de Dios que se manifiesta de forma ardiente cuando aceptamos a Cristo y el Espíritu Santo de Dios viene a morar en nosotros. Es la evidencia de la existencia de la presencia divina que se manifiesta en nosotros, dentro de nosotros mismos o en el lugar donde experimentamos esa conexión.

Una de las expresiones del fuego es como la de una llama que arde con el Espíritu Santo de Dios haciendo maravillas, cambiando corazones y mentes, y haciendo otros cambios y milagros en toda persona que lo acepta.

Observa que se distinguen dos aspectos importantes del fuego de Dios: en primer lugar, la manifestación visible o tangible de Dios a nuestros sentidos; y, en segundo lugar, el fuego divino que arde en nosotros.

EL FUEGO DIVINO EN LA PALABRA DE DIOS

En la Biblia, tanto en el Antiguo como en el Nuevo Testamento, encontramos numerosos ejemplos de teofanías, momentos en los cuales Dios se revela al hombre a través de formas perceptibles. Permíteme compartirte algunas citas en este capítulo, y mencionaré otras en capítulos posteriores del libro. En varios casos del Antiguo Testamento, esta manifestación divina a menudo se describe en forma de fuego en sus diversas apariciones.

Como una antorcha "que pasaba por entre los animales divididos" en el pacto con Abraham (Génesis 15:17).

Éxodo 3 lo muestra como la zarza ardiente cuando se le apareció el Ángel de Jehová a Moisés "en una llama de fuego en medio de una zarza; y él miró, y vio que la zarza ardía en fuego, y la zarza no se consumía" (v.2). En Éxodo 13 lo vemos como una columna de fuego que alumbraba al pueblo de Israel de noche cuando estaba en el desierto (v.21).

Daniel 5:5-6 lo muestra como los dedos de una mano escribiendo en la pared. Jueces 13 lo muestra como una llama que "subía del altar hacia el cielo"; este es el momento en que "el ángel de Jehová subió en la llama del altar ante los ojos de Manoa y de su mujer, los cuales se postraron en tierra" (v.20). Estos son solo algunos de los muchos casos que registra la Biblia.

También podemos mencionar ejemplos del fuego divino en el Nuevo Testamento. En la historia de Pentecostés, contada en Hechos 2:3-4, se nos muestra de manera muy clara cómo se manifiesta el Espíritu Santo. Se dice que sobre cada uno de los discípulos aparecieron "lenguas como de fuego". Esta imagen del fuego no solo es impresionante, sino que tiene un significado muy profundo. La aparición de estas lenguas de fuego señala el momento crucial en el que los discípulos reciben habilidades sobrenaturales, especialmente la capacidad de hablar en diferentes idiomas. Este fenómeno del poder de Dios, también un signo de la misión de la iglesia que estaba naciendo, preparándola para llevar el evangelio más allá de sus fronteras culturales y étnicas.

El apóstol Pablo describe la segunda venida de Cristo como llamas de fuego: "Esto sucederá cuando el Señor Jesús se manifieste desde el cielo entre llamas de fuego, con sus poderosos ángeles" (2 Tesalonicenses 1:7, NVI). Además, en la visión que tiene en la isla de Patmos, Juan describe los ojos de Jesús "como llama de fuego" (Apocalipsis 1:14; 2:18; 19:12).

> FUEGO ES ALGO QUE NECESITAMOS SENTIRLO, VIVIRLO Y COMPARTIRLO.

Podemos ver el fuego de Dios manifestado a lo largo del Antiguo y del Nuevo Testamento. Sin embargo, el fuego de Dios no es una manifestación exclusiva solo de aquellos tiempos, sino también para este tiempo presente, para los tiempos venideros, y para el gran día del Señor que todos esperamos. No debería ser nada raro hablar del fuego divino; por el contrario, debería ser muy normal para nosotros. Es más, debemos extrañar y desear ese fuego. Es parte de nosotros.

¿QUÉ SIGNIFICA TENER EL FUEGO DE DIOS?

Comenzaré diciendo que Dios entregó todo a través de la muerte y resurrección de su hijo y por eso debemos adorarlo no tan solo en privado sino también en público para que el mundo crea. Ser consumidos por ese fuego manifiesta la presencia permanente del Espíritu Santo de Dios en la vida de los que aceptamos a Cristo, también hace que seamos transformados, ungidos y llenos de poder para hacer su obra en la tierra. Tal como Jesús transformó a Pedro y Andrés mientras lanzaban sus redes en el mar, según narra Mateo 4:18-20, les dijo: «Venid en pos de mí, y os haré pescadores de hombres». De manera similar, en su carta a los romanos, el apóstol Pablo exhorta a los creyentes a resistir la conformidad con los patrones mundanos. En Romanos 12:2, los invita a una profunda renovación de sus mentes, un cambio esencial que les permita discernir y adoptar la voluntad de Dios, descrita como buena, agradable y perfecta. Esta transformación, como la que Jesucristo prometió a sus doce discípulos antes de ascender, nos otorga la autoridad para sanar enfermedades y expulsar demonios, como se menciona en Marcos 3:15. Ahora, con nuestras vidas completamente transformadas, nos convertimos en seres humanos plenos. Cuando el Espíritu de Dios impregna nuestro espíritu, nuestros sentidos pueden captar lo divino y recibir revelaciones directas de Dios. Con esta información divina, nuestra alma guía a nuestra carne, orientándola hacia un modo de funcionamiento que complace a Dios. Este proceso se denomina transformación, ya que afecta nuestra manera de pensar, escuchar y actuar.

> CUANDO EL ESPÍRITU DE DIOS IMPREGNA NUESTRO ESPÍRITU, NUESTROS SENTIDOS PUEDEN CAPTAR LO DIVINO Y RECIBIR REVELACIONES. DIRECTAS DE DIOS.

Es un aceite, una unción, que surge del encuentro entre lo divino y lo humano, con el propósito de manifestar las maravillas del cielo en la tierra, en beneficio de los hijos de Dios. Así como Dios ungió a Jesús (Hechos 10:38), y este realizó milagros (Lucas 4:18-19), ¿no necesitamos también nosotros esa intervención divina? La unción representa el extracto de aceite divino que se produce en nosotros al someter nuestra humanidad al Señor, llevándonos a una transformación, un nuevo nacimiento que conecta lo humano con lo divino. Este mismo aceite que nos transforma, es el utilizado para encender lámparas, como se menciona en Mateo 25:3-4, simbolizando la luz que ilumina nuestro camino. Las cinco vírgenes insensatas no tenían este aceite cuando llegó el esposo, destacando la importancia de mantenernos preparados y llenos de la unción divina.

De mis viajes a Israel, he aprendido que desde tiempos bíblicos utilizan una vasija pequeña de barro para encender el fuego. La llenan con aceite y este se enciende cuando entra en contacto con el fuego. Así que podemos ver, como dice la palabra de Dios en Jeremías 18:1-6, que somos vasijas de barro en manos del Alfarero y que si es necesario, nos hace de nuevo. Somos vasijas de barro para ser llenadas de su aceite, así el fuego del Espíritu Santo, que tanto necesitamos, pueda prender y manifestarse en nosotros.

Pues bien, tener el fuego de Dios significa que ahora tenemos un cambio de naturaleza, una nueva naturaleza que solo Cristo nos puede dar. En Mateo 3:11, leemos lo que Juan el Bautista dijo: "Yo a la verdad os bautizo en agua para arrepentimiento; pero el que viene tras mí, cuyo calzado yo no soy digno de llevar, es más poderoso que yo; él os bautizará en Espíritu Santo y fuego". De modo que es importante que adoptemos esta nueva naturaleza mediante la cual vivimos en el fuego de Dios por el Espíritu Santo. Viviendo de esta forma, no hay manera en que no veamos su poder manifestado como fuego en nuestras vidas. No es posible que el fuego de Dios se manifieste y que no ocurra nada. El fuego divino siempre que se presenta trae maravillas y prodigios.

En este tiempo debemos tener nuestra llama encendida. Necesitamos que los niños y los jóvenes lo entiendan y lo hagan parte de su vida. Para que las nuevas generaciones experimenten y se muevan en ese fuego de Dios, es esencial que nosotros permitamos que Dios, a través de su Espíritu Santo, se manifieste en nosotros. Así, nuestra vida será un testimonio vivo que inspire a otros a creer.

> NO ES POSIBLE QUE EL FUEGO DE DIOS SE MANIFIESTE Y QUE NO OCURRA NADA.

Imagina que estemos en un mismo lugar y yo te digo: "¡Hay fuego!". Sin duda, lo primero que harías es correr; eso es indiscutible. No sé cuántos años de las próximas generaciones podrán experimentar este mover de maravillas divinas, pero sé que debemos avanzar; es imperativo correr hacia experiencias donde el fuego divino se manifieste. Debemos permitir que el Espíritu Santo se mueva en nuestra vida sin limitaciones. No podemos quedarnos en la pasividad; debemos avanzar hacia los planes y propósitos de Dios. Tenemos que movernos con determinación, con la misma energía apasionada que caracteriza al coro «Fuego Divino» al que me referí en la introducción de este libro. Es esencial avivar la llama del fuego de Dios en nuestro interior. Únicamente a través del sacrificio en la cruz y un cambio de vida se desencadenará ese movimiento transformador.

Esto nos conduce a experimentar la paz, felicidad y tranquilidad que Adán y Eva vivieron en el Edén hasta la caída. El fuego elimina las malas costumbres y restaura muchas cosas que se habían perdido en nosotros. Es por eso que muchas personas expresan: "Cuando acepté a Jesucristo, desaparecieron mis deseos de fumar, se me fueron los deseos de pecar".

Aquí es cuando podemos ver la manifestación visible del fuego de Dios. Cuando vemos los cambios inmediatos de una persona que da testimonio de haber aceptado a Cristo y dice: "No puedo pecar más, ya no puedo hacer lo que antes hacía". Esto se debe a que el fuego de Dios corrige, repara, restaura, llevándonos a un estado de reino, a un estado original de conexión directa con Dios, a una vida en Dios. Además, al aceptar al Señor y entregarnos a Él, el fuego de Dios maximiza y amplía lo eterno que hay en nuestra vida. Despierta todo lo que es de Dios en nosotros: amor, gozo y paz que conllevan libertad, salvación, sanidad y restauración, entre muchas otras bendiciones.

El fuego ardiente es una necesidad. Esta humanidad inmersa en el pecado necesita el fuego de Dios ardiendo en sus vidas. A medida que nos esforzamos por vivir una espiritualidad más profunda y cultivamos el fuego de Dios en nuestro interior, nos acercamos aún más a la presencia divina. Este acercamiento nos otorga seguridad, disminuyendo nuestros temores respecto a lo que pueda sucedernos. También fortalece nuestra certeza de que Dios está con nosotros, velando por nuestro cuidado.

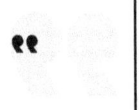

> EL FUEGO DE DIOS CORRIGE, REPARA, RESTAURA, LLEVÁNDONOS A UN ESTADO DE REINO.

Poseer el fuego de Dios no es un tormento. A menudo al escuchar la palabra "fuego", algunas personas pueden asociarla con un martirio o un suplicio, temiendo que cause dolor. Sin embargo, el fuego de Dios no es un tormento, ni algo que nos conduzca a la destrucción. Por el contrario, es un agente purificador, restaurador y protector. Nos ayuda a pasar procesos difíciles y aporta paz a nuestras vidas.

> "Vosotros, pues, no os preocupéis por lo que habéis de comer, ni por lo que habéis de beber, ni estéis en ansiosa inquietud. Porque todas estas cosas buscan las gentes del mundo; pero vuestro Padre sabe que tenéis necesidad de estas cosas. Mas buscad el reino

de Dios, y todas estas cosas os serán añadidas".

LUCAS 12:29-31

En el mes de agosto del 2021, en nuestra iglesia Casa Vida en la ciudad de Atlanta, Estados Unidos, volvimos a experimentar un mover de Dios. Antes de la tan famosa pandemia causada por el COVID-19, habíamos pedido al Señor un lugar más amplio para poder adorar su nombre y cumplir con los propósitos que Él había depositado en nosotros. Después de haber estado buscando un lugar con estas características, estuvimos a punto de firmar contrato para alquilar. Justamente una o dos semanas antes de llevarlo a cabo, el mundo entero cerró como consecuencia de la pandemia.

Incluso inmersos en las noticias sobre la pandemia, ninguno de nosotros imaginaba la posibilidad de que Dios se moviera de manera extraordinaria en medio de una situación así. Anteriormente, el Señor nos había comunicado que transitábamos cerca del terreno destinado para el futuro templo, aunque no lo percibiéramos. Además, nos aseguró que los fondos necesarios se reunirían en la iglesia. Comprendo que Dios nos transmitió este mensaje porque a mi esposo y a mí nos resultaba incómodo solicitar ayuda financiera en la iglesia.

Permíteme hablarte un poco de números. Antes de la pandemia, en los pocos eventos que hicimos para recolectar fondos para proyectos de la iglesia, no sobrepasábamos la cantidad de treinta mil dólares en promesas de las cuales no todo se lograba reunir, y, como es usual en una iglesia considerada pequeña para ese tiempo, no siempre lográbamos reunir la totalidad de estas promesas. Ahora, de forma milagrosa había surgido un terreno para el templo: cuatro hermosas hectáreas (10 acres), en una ubicación central por donde transitaban aproximadamente treinta mil vehículos por día. Observamos que, tras la aparición del virus, muchas personas dejaron de reunirse con nosotros. Con la firme convicción de que Dios nos había hablado y siendo conscientes de nuestra responsabilidad espiritual, compartimos esta revelación con la Iglesia, que prácticamente ha surgido como una comunidad nueva después de la pandemia, con muchos miembros que están empezando su proceso de discipulado. Ahora, con personas recientemente unidas, purificadas por el fuego, decididas y comprometidas con Dios y sus planes, logramos recaudar y presentar en el altar del Señor una ofrenda que sobrepasó las tres cifras para el proyecto del terreno en tan solo seis semanas. Los jóvenes fueron impulsados por el Espíritu Santo, y muchos de ellos presentaron sus ofrendas.

De lo menos que se trata este testimonio es de dinero. Se trata de la aparición del Señor en la vida de sus hijos que son transformados a su imagen, haciendo milagros cuando le permitimos a lo divino operar en nosotros. Sinceramente, debido a nuestra experiencia previa recogiendo ofrendas para proyectos en la iglesia, nunca habríamos imaginado recolectar una suma de dinero tan grande en tan poco tiempo, y mucho menos durante una pandemia. ¡La gloria sea únicamente para Dios!

Quiero decirte que, al entregarte por completo al Señor, confiar en Él y permitir que se revele con su fuego, el temor desaparece. Cree en su poder y sus promesas, y verás manifestaciones de Dios plasmadas en tu diario vivir, en tu familia y en el mundo, como yo también he podido verlo. ¡El poder de Dios opera de manera extraordinaria!

¿POR QUÉ DIOS SE MANIFIESTA COMO FUEGO?

Las ofrendas que se presentaban en el Antiguo Testamento como sacrificio, debían ser consumidas por el fuego. Aquí vemos que el propósito de la manifestación del fuego de Dios es para mostrar aceptación y aprobación. Cuando estamos ardiendo en fuego, cuando aceptamos la manifestación poderosa de Dios, es que Dios está quemando todo lo que debe quemar para aceptarnos, aprobarnos y ungirnos.

Cuando nos entregamos a Dios y le ofrecemos lo mejor de nosotros, su manifestación se hace evidente, y sin duda, podremos experimentar su presencia recordándonos que la muerte de Jesús eliminó nuestro pecado y nos hizo nuevos. Al consagrarnos como sus siervos, recibimos su aprobación, sellando nuestra preparación para vivir en comunión con Él.

 CUANDO BUSCAMOS A DIOS Y LE OFRECEMOS LO MEJOR DE NOSOTROS, SU MANIFESTACIÓN SE HACE EVIDENTE.

En el Nuevo Testamento, observamos la llegada del fuego del Espíritu Santo destinado a restaurarnos y restablecer nuestra conexión con Dios. Este fuego nos brinda la evidencia palpable a través del Espíritu del Señor, permitiéndonos escuchar la voz divina y capacitándonos para testificar mediante su mismo Espíritu.

Cuando entendemos el pasaje donde Juan anunció que Jesús bautizaría con Espíritu Santo y fuego (Mateo 3:11; Lucas 3:16), comprendemos que el Espíritu Santo viene con la misión de restaurar nuestra comunicación con Dios. Este proceso nos proporciona evidencia a través del Espíritu Santo, empoderándonos para dar testimonio a otros. Estos cambios en nosotros deben ser aceptados desde el principio, desde el momento en que decidimos seguir a Dios.

Este fenómeno se evidencia en la promesa que se cumplió el día de Pentecostés cuando "…estaban todos unánimes juntos. Y de repente vino del cielo un estruendo como de un viento recio que soplaba, el cual llenó toda la casa donde estaban sentados; y se les aparecieron lenguas repartidas, como de fuego, asentándose sobre cada uno de ellos. Y fueron todos llenos del Espíritu Santo, y comenzaron a hablar en otras lenguas, según el Espíritu les daba que hablasen" (Hechos 2:1-4).

Este evento enriquecedor, descrito en el libro de Hechos de los Apóstoles, ilustra la manifestación del Espíritu Santo, transformando a aquellos presentes y capacitándolos para comunicarse de manera divina. La imagen del viento, el fuego y las lenguas simboliza la renovación y el poder del Espíritu Santo, revelando la capacidad de éste para restaurar la relación entre Dios y la humanidad.

EL FUEGO DE DIOS NO HA SIDO COSA DEL PASADO ÚNICAMENTE.

Necesitamos que arda el fuego de Dios en los adoradores, en los músicos. Necesitamos que se encienda la llama de fuego en los miembros de la iglesia, en los servidores; necesitamos fuego divino en los matrimonios y las familias; necesitamos el fuego de Dios en todos los aspectos de nuestra vida, en todas las etapas de nuestra vida, en todos los tiempos de nuestra vida.

Me gustaría introducir una analogía basada en el fuego, ya que, al haber aceptado a Cristo, ya posees todo lo necesario. Para encender un fuego o avivar una llama, se requieren tres elementos esenciales: materia, calor y aire u oxígeno.

La materia simboliza al cristiano, siendo comparable a ramas, hierbas, árboles y raíces. El calor o fuego, por su parte representa la teofanía o manifestación de Dios, mientras que el aire simboliza el mover del Espíritu Santo a través de Cristo. Cuando menciono "el mover de Dios", destaco la necesidad imperativa de este dinamismo en nuestras vidas. Es esencial permitir que el Espíritu Santo descienda sobre ti para avivar el fuego interior.

Debemos tener en cuenta que existe la posibilidad de que el fuego se apague. Cuando nos rodeamos de personas que carecen de la llama divina, es crucial propagar nuestra propia luz hacia ellas. Sin embargo, en ocasiones corremos el riesgo de que nuestra propia llama se apague. Las adicciones, los malos hábitos, las costumbres nocivas, el mal carácter, la religiosidad, el rencor, la falta de perdón, la envidia, entre otros, tienen el poder de extinguir la llama divina que arde en nuestro interior. Por ende, es imperativo mantener el fuego de Dios ardiendo de manera constante en nuestra vida, sin interrupciones.

Quiero terminar con este versículo bíblico para que sientas la protección que tenemos cuando estamos llenos del fuego divino, llenos de su poder, llenos del espíritu de Dios:

> "Y mirándolos Jesús, les dijo: Para los hombres esto es imposible; mas para Dios todo es posible".
>
> MATEO 19:26

RECUERDA

- Todos hemos sido creados para el fuego. Es más, necesitamos ese fuego para estar en las condiciones óptimas como cristianos. El fuego de Dios no ha sido cosa del pasado únicamente, lo necesitamos para hoy y para los días venideros.

- Observamos en los últimos acontecimientos mundiales cómo todo está experimentando cambios significativos. En vista de ello, necesitamos estar encendidos y llenos con el fuego y el poder de Dios que nos distingue. Esta preparación nos capacitará para enfrentar los desafíos de los tiempos actuales y los venideros, y para que otros crean y vengan a los pies de Cristo.

- La clave para enfrentar estos momentos es mantener el fuego de Dios encendido, ardiendo en nuestro interior, y esta respuesta siempre se traducirá en la manifestación de milagros extraordinarios. Nunca olvides esta verdad fundamental: **no hay nada imposible para Dios**, y si te llenas de su presencia, tampoco habrá imposibles para ti.

- No tengas miedo, llénate ahora, comienza esta jornada que está llena de maravillas y milagros para ti.

REFLEXIONA

- ¿Podrías hacer una lista de cosas o situaciones que impidan que te llenes ahora mismo del fuego de Dios?

- ¿Hay algún área de tu vida en la cual tú crees que Dios no pueda operar un cambio?

MIS NOTAS

CAPÍTULO 2

EL FUEGO DE DIOS CONSUME

AUNQUE ENFRENTES DIFICULTADES, NADA NI NADIE PUEDE DESTRUIRTE, PORQUE DIOS TE PROTEGE Y FORTALECE.

CAPÍTULO 2 |

NADIE TE VA A DESTRUIR

Nada ni nadie tiene el poder de destruirte. Esta es una verdad fundamental que debes creer con todo el corazón para empezar a experimentar los beneficios del fuego divino en nuestras vidas.

Sin embargo, cuando leemos en la Biblia: "Porque nuestro Dios es fuego consumidor" (Hebreos 12:29), surge la pregunta acerca de qué beneficios puede brindar su fuego. Al analizar la palabra *consumidor* en este versículo, algunos podrían interpretar que Dios aniquila todo cuando desciende su fuego. No obstante, es importante recordar que Él es amor, como se afirma en 1 Juan 4:8: "El que no ama, no ha conocido a Dios; porque Dios es amor". Dios no destruye a sus hijos, pero sí actúa como un *fuego consumidor.*

Por eso el Señor le dijo a Pablo cuando estaba en Corinto: "No temas, sino habla, y no calles; porque yo estoy contigo, y ninguno pondrá sobre ti la mano para hacerte mal, porque yo tengo mucho pueblo en esta ciudad" (Hechos 18:9-10).

Mientras haya alguien que le pertenezca a Él, ni el fuego consumidor, ni nadie lo podrá destruir.

CONSUMIR: EL PRIMER PROPÓSITO DEL FUEGO DE DIOS

Pero ¿qué significa realmente *consumir*? ¿Significa erradicar por completo todo? La respuesta es no. A diferencia de sentirnos vacíos y sin esperanza porque sentimos que lo hemos perdido todo, el fuego de Dios no actúa sin un propósito claro. Por el contrario, tiene objetivos definidos: destruir las cosas temporales, la carnalidad, aquello que nos perjudica y no nos beneficia, lo que carece de eternidad y todo aquello que pueda convertirse en una atadura que obstaculice nuestro crecimiento en Dios.

> "Dijo más Jehová a Moisés: Yo he visto a este pueblo, que por cierto es pueblo de dura cerviz. Ahora, pues, déjame que se encienda mi ira en ellos, y los consuma; y de ti yo haré una nación grande".
> ÉXODO 32:9-10

El primer paso que Dios da es eliminar todo aquello que pueda causarte daño, como indicó al decirle a Moisés: "Déjame que se encienda mi ira en ellos, y los consuma". Cuando te encuentras lleno del Espíritu de Dios, puedes confiar en que lograrás sus propósitos, bajo su protección y cuidado. Nada ni nadie te hará daño, ni detendrá lo que Dios está haciendo en tu vida. ¿Quién con sus propias manos o su propia naturaleza carnal podría extinguir una llama tan grande y ardiente como la que Dios ha encendido en tu ser? La respuesta es "nadie". Llénate de la presencia divina y permite que su llama arda en ti.

Cuando Coré estuvo en contra de Moisés y Aarón, el Señor les dijo: "Apartaos de entre esta congregación, y los consumiré en un momento" (Números 16:21).

Dios estaba instruyendo a Moisés y Aarón a retirarse de los rebeldes para que Él pueda actuar en juicio contra ellos. Este evento subraya la seriedad de la rebelión en contra el liderazgo establecido por Dios y las consecuencias de tales acciones.

CUANDO LLEGA, LO CONSUME TODO

Cuando Dios se manifiesta como fuego, hace lo que tenga que hacer y no deja rastro, lo consume todo, no deja huella, ya no existe más lo que había antes.

> "¿Y quién podrá soportar el tiempo de su venida? ¿o quién podrá estar en pie cuando él se manifieste? Porque Él es como fuego purificador, y como jabón de lavadores".
>
> MALAQUÍAS 3:2

Este versículo de Malaquías describe la llegada del Señor en términos de purificación y juicio. La metáfora del fuego purificador y el jabón de lavadora resalta una purificación rigurosa y un proceso de refinamiento meticuloso que ocurrirá.

> NADA NI NADIE TE HARÁ DAÑO, NI DETENDRÁ LO QUE DIOS ESTÁ HACIENDO EN TU VIDA.

En el año 2014, luego del fallecimiento de mi hermana mayor, traje a mi madre a vivir conmigo a la ciudad de Atlanta. Después de una semana de estar con nosotros, ella comenzó a sentirse mal. La llevé al médico y comenzaron a realizarle diversos análisis (radiografías, biopsias, etc.). Los estudios certificaron que mi mamá tenía cáncer en los pulmones en un estadío cuatro, lo cual es un grado muy avanzado. Yo misma vi las placas ecográficas y puedo dar fe de que sus dos pulmones estaban llenos de tumores cancerosos. Mi madre ya no tenía fuerzas, estaba muy cansada. No podía respirar bien, los niveles de azúcar y de presión estaban exageradamente altos.

Por su edad avanzada, el doctor nos expresó que ya no había mucho por hacer. El tratamiento de quimioterapia no era recomendable por lo avanzado de su cuadro y era preferible que volviera a su casa y disfrutara los tres o cuatro meses que el doctor decía que le quedaban de vida, proveyéndole una atención adecuada para vivir sin dolor y lo más confortable posible hasta el momento de su partida.

Fue ahí cuando comenzó el proceso del fuego de Dios. Mientras mi mamá estuvo en nuestra casa, le dimos todo lo que necesitaba, le suplimos todo lo que sabíamos y creíamos que ella precisaba. Desde lo emocional hasta cualquier medicina natural que pudiera servir para aliviar el dolor y sufrimiento que ella sentía.

> CUANDO DIOS SE MANIFIESTA COMO FUEGO, HACE LO QUE TENGA QUE HACER.

Fue un proceso espiritual profundo ya que ella comenzó a recordar diversos acontecimientos. Íntimamente ella pensaba que le había llegado el momento de partir y estar con su otra hija que ya se había mudado al cielo. Pero el proceso del fuego de Dios comenzó a manifestarse de inmediato cuando ella comenzó a compartir y discutir diversas situaciones de su vida, que sabíamos que era necesario que exteriorizara. El fuego de Dios comenzó a eliminar emociones equivocadas, comenzó a sanar un corazón que pudo haber estado ofendido en un momento. Este proceso limpió su alma y la preparó para su partida, aunque Dios sabía que todavía no era el momento. Un día nos dijo que ya no necesitaba el oxígeno, que se sentía mejor, con más energía y mayor apetito.

Transcurrieron tres meses, luego cuatro y mi madre continuaba sin requerir oxígeno adicional, sintiéndose mejor cada día.

Decidimos sugerirle al médico que le realizara un nuevo estudio para evaluar su condición. Efectivamente, el fuego de Dios se había vuelto a encender, quemando y consumiendo todos los tumores cancerosos que había en sus pulmones. No quedó ni uno. No se hallaban rastros de su enfermedad. Todo quedó revitalizado y renovado. Las células cancerosas de su cuerpo habían sido eliminadas por completo. Los médicos no podían entender lo que había sucedido. Había tenido lugar la teofanía de Dios, la manifestación del fuego de Dios consumiendo cada célula maligna presente en su cuerpo, no limitándose únicamente a tumores y células, sino erradicando también cualquier rastro de sentimiento y dolor emocional que debía ser eliminado. Mi madre vivió ocho años más, como regalo del Señor. Mientras yo escribía este libro, mi madre, a la edad de 87 años en el año 2022, partió hacia la morada celestial.

Quiero decirte algo importante: mi madre no falleció a causa del cáncer. ¿Sabes por qué? Porque cuando el fuego de Dios consume, lo que quema no regresa jamás. Cuando Dios sana una enfermedad, el dolor, la angustia, la depresión, la ansiedad o cualquier aflicción que requiera su sanación, lo hace de manera permanente. Nunca más volverá a molestarte esa condición. Dios no realiza obras a medias. Él quema, purifica y no deja rastro alguno.

El fuego lo abarca todo. Lo elimina todo. Si había enfermedad, ya no queda ni una célula de ella; si había dolor, no queda ni un solo rastro; si había rencor, no queda ni una pizca tampoco.

En estos últimos tiempos, no solo debemos ver manifestado en otros el fuego de Dios, sino también llenarnos del fuego de Dios para poder purificarnos, a fin de ser luz y estar preparados para el gran día "porque nuestro Dios es fuego consumidor" (Hebreos 12:29).

SOMOS REPRESENTANTES DE DIOS EN LA TIERRA

Existe una transformación de vida cuando aceptamos a Cristo. Este trascendental cambio nos hace representantes de Él aquí en la tierra.

> "Con Cristo estoy juntamente crucificado, y ya no vivo yo, mas vive Cristo en mí; y lo que ahora vivo en la carne, lo vivo en la fe del Hijo de Dios, el cual me amó y se entregó a sí mismo por mí".
>
> GÁLATAS 2:20

Al aceptar a Cristo, aceptamos entregar nuestra vida y también aceptamos, llevar la vida de Cristo en nosotros. Esto nos transforma en sus testigos aquí en la tierra.

> "Pero recibiréis poder, cuando haya venido sobre vosotros el Espíritu Santo, y me seréis testigos en

> Jerusalén, en toda Judea, en Samaria, y hasta lo último de la tierra".
>
> HECHOS 1:8

Adán y Eva también representaban a Dios. Él les encargó hacer algo y los bendijo diciéndoles: "Fructificad y multiplicaos; llenad la tierra, y sojuzgadla, y señoread en los peces del mar, en las aves de los cielos, y en todas las bestias que se mueven sobre la tierra" (Génesis 1:28).

> DIOS NO REALIZA OBRAS A MEDIAS.

Dios les dio instrucciones claras acerca de las responsabilidades que tenían aquí en la tierra. Adán y Eva sabían con exactitud que eran representantes suyos en la tierra.

> "Tomó, pues, Jehová Dios al hombre, y lo puso en el huerto de Edén, para que lo labrara y lo guardase".
>
> GÉNESIS 2:15

Dios les concedió autoridad divina a Adán y Eva para hacer un trabajo aquí en la tierra siendo administradores. En la medida en que somos responsables en hacer lo que Dios nos manda, recibimos bendición como consecuencia.

Dios nos concede el privilegio de ser sus representantes, y lo que proviene de Él nunca se levanta en contra nuestra; siempre está a nuestro favor y conlleva una bendición para ti y para mí. Cuando Dios dio instrucciones para la guerra, dijo:

> "Cuando sities a alguna ciudad, peleando contra ella muchos días para tomarla, no destruirás sus árboles metiendo hacha en ellos, porque de ellos podrás comer; y no los talarás, porque el árbol del campo no es hombre para venir contra ti en el sitio".
>
> DEUTERONOMIO 20:19

Estas son instrucciones dadas a los israelitas sobre cómo manejar el asedio de ciudades durante la guerra. El propósito de esta instrucción era preservar la creación, los árboles que proporcionaban alimento durante un asedio. Estos árboles eran una fuente valiosa de alimento y sustento, durante el asedio y después de que el conflicto hubiera terminado. Esto me recuerda Romanos 8:21 donde se menciona que "la creación misma será liberada de la esclavitud de la corrupción a la libertad de la gloria de los hijos de Dios". Esto sugiere que la tierra será transformada y purificada, pero no completamente destruida.

DIOS NOS CONCEDE EL PRIVILEGIO DE SER SUS REPRESENTANTES.

Por lo tanto, aunque en tu vida estés peleando una batalla, hay aspectos que el fuego no elimina, como el propósito divino que será de bien para ti. Lo que es divino no se puede eliminar porque tiene el favor de Dios en la vida de sus hijos. Quiero subrayar que es más prudente permitir que el fuego divino consuma lo necesario, ya que si no le concedemos a Él la autoridad para eliminar lo que no nos conviene, es precisamente en ese espacio donde el enemigo se infiltra para destruir y anular tu propósito y tus bendiciones.

EXISTE UNA TRANSFORMACIÓN DE VIDA CUANDO ACEPTAMOS A CRISTO.

Es común escuchar a personas que atraviesan dificultades culpando a Dios por todo lo malo que les sucede, preguntándose el motivo por el cual Dios les hizo esto o aquello. En ocasiones se busca un responsable, aun cuando muchas de las consecuencias que experimentamos son responsabilidad nuestra. No podemos jugar al juego de señalar culpables y, aún menos, esconder lo que nos está atacando; hay que ser sinceros con el Señor y presentarle todo aquello que nos hace mal, todo lo que no procede de Él, para que el fuego divino consuma todo lo necesario. Lo que es de parte de Dios nunca vendrá a hacerte daño, siempre tiene un propósito de bien para ti.

> "Y sabemos que a los que aman a Dios, todas las cosas les ayudan a bien, esto es, a los que conforme a su propósito son llamados".
>
> ROMANOS 8:28

No olvides que, como representante aquí en la tierra, *tú cargas con autoridad divina* que te es delegada. En la palabra de Dios encontramos lo que Jesús le dijo a los setenta y dos elegidos para la misión: "He aquí os doy potestad de hollar serpientes y escorpiones, y sobre toda fuerza del enemigo, y nada os dañará" (Lucas 10:19).

También Jesús les dijo a sus discípulos: "…tomarán en las manos serpientes, y si bebieren cosa mortífera, no les hará daño; sobre los enfermos pondrán sus manos, y sanarán" (Marcos 16:18).

LO QUE ES DE PARTE DE DIOS NUNCA VENDRÁ A HACERTE DAÑO.

En estos tiempos marcados por el miedo y la aprensión, especialmente durante la pandemia del COVID-19, persistió la confusión en torno a la vacuna. Algunos pensaban que era el anticristo, otros que querían matarnos, o consideraban que era meramente una cuestión política, generando así mucha confusión. Este tema trajo división y malestar; por ello necesitamos estar llenos del fuego de Dios, llenos del Espíritu Santo para poder percibir todo aquello que intenta hacernos daño. Tenemos que vivir con la certeza de que nada ni nadie nos va a destruir, ni siquiera la muerte misma.

EL ENEMIGO DE LAS ALMAS
NO PODRÁ DESTRUIR LA TUYA

En la Biblia, leemos que Satanás pidió destruir a Job y todo lo que le pertenecía, incluyendo su salud (Job 1:13-22, 2:1-10). Lo que el maligno desea es que solo queden *ruinas sin sentido*. Yo les llamo de esta manera a los propósitos originales de Dios que no pueden cumplirse.

Un ejemplo de *ruinas sin sentido* es cuando hay personas que tienen dones divinos, talentos y hasta mucho conocimiento y no los utilizan. Aparentan tener deseos y ganas, pero al pasar los años, no producen fruto. Algunos incluso hablan mucho, pero se estancan en el mismo lugar que estaban diez años atrás. Si alguien viene a destruirte es el enemigo, no Dios. Nunca le permitas a Satanás tomar dominio de ti. El fuego divino está para llenarte y no tan solo defenderte del mal, también te llena para consumir el mal.

Debemos entender que lo que es divino, lo que es de Dios, nada ni nadie lo puede destruir ni paralizar. Por eso los dones son irrevocables. "Porque irrevocables son los dones y el llamamiento de Dios" (Romanos 11:29). Porque lo que Dios da no se acaba.

SI ALGUIEN VIENE A DESTRUIRTE ES EL ENEMIGO, NO DIOS.

Si Dios puso un propósito en ti y en mí, si Dios colocó en nuestras manos todo lo que necesitamos y no lo logramos, no es culpa de Dios. Ya tienes todo lo que necesitas para estar bien. Si conoces a Jesucristo, conoces al mejor, al que tiene la llave maestra. ¿Qué otra cosa podrías necesitar si Él lo tiene todo? Lo que es de Dios no se elimina, no se consume. Se acaba el pecado, se termina la enfermedad, la miseria, aun el rencor y el dolor se borran, pero lo que es de Dios nadie lo puede quitar. Nada puede arrebatarte lo que tienes de Dios en ti. Pero ten cuidado, porque tú mismo podrías entregárselo al enemigo.

Adán y Eva fueron creados libres de ataduras de las tinieblas, con propósitos específicos, para servir a Dios. Para que todo les fuera más fácil, para que el trabajo no fuera una carga. Para disfrutar de la libertad espiritual y la vida en armonía, gozo, felicidad y paz. Y aunque el pecado los separó de la gloria de Dios y con ellos a toda la humanidad, Jesús vino a restaurar todo.

Con el pecado de Adán, Dios separó de inmediato lo carnal de lo espiritual. Cuando el fuego de Dios consume, sucede lo mismo, separa lo que es de la carne y lo que es del espíritu.

NADA PUEDE ARREBATARTE LO QUE TIENES DE DIOS EN TI, PERO TEN CUIDADO, PORQUE TÚ MISMO PODRÍAS ENTREGÁRSELO AL ENEMIGO.

¿Por qué luego que Adán y Eva pecaron no podían estar en la presencia de Dios? Porque era necesario que lo que no era puro, no entrara a un lugar puro. Se necesita estar limpio para habitar en un lugar divino. Por eso mismo, nadie que quiera hacerte daño (ni siquiera demonios que quieran destruirte) podrá hacerte mal cuando estás lleno del fuego y poder de Dios.

Dios estableció consecuencias por el pecado, secuelas sobre lo carnal. En el caso de Adán, tendría que trabajar para ganarse la vida con el sudor de su frente (Génesis 3:17-19). Eva experimentaría un gran dolor al parir (Génesis 3:15-16). Ambos fueron expulsados del huerto (Génesis 3:23-24).

> "Y pondré enemistad entre ti y la mujer, y entre tu simiente y la simiente suya; esta te herirá en la cabeza, y tú le herirás en el calcañar".
>
> GÉNESIS 3:15

Y aunque murieron espiritualmente, Dios no eliminó a Adán y Eva porque eran su creación. Hubo consecuencias por el pecado, pero lo que es creación divina nadie puede destruirlo, solo Dios.

¡TUYA ES LA VICTORIA!

Lo que es creado con naturaleza y propósitos de Dios, nunca será destruido. Tú estás protegido por alguien muy grande que es victorioso, que no pierde ninguna batalla, porque ya las ganó todas.

Es necesario eliminar todo aquello que nos haga caer, que nos haga fallar, flaquear, que nos haga pecar. El fuego de Dios tiene que consumir todo eso y dejar solo lo que es divino en cada uno de nosotros.

> "Y cualquiera que haga tropezar a alguno de estos pequeños que creen en mí, mejor le fuera que se le colgase al cuello una piedra de molino de asno, y que se le hundiese en lo profundo del mar. ¡Ay del mundo por los tropiezos!, porque es necesario que vengan tropiezos, pero ¡ay de aquel hombre por quien viene el tropiezo! Por tanto, si tu mano o tu pie te es ocasión de caer, córtalo y échalo de ti; mejor te es entrar en la vida cojo o manco, que teniendo dos manos o dos pies ser echado en el fuego eterno. Y si tu ojo te es ocasión de caer, sácalo y échalo de ti; mejor te es entrar con un solo ojo en la vida, que teniendo dos ojos ser echado en el infierno de fuego".
>
> MATEO 18:6-9

¿Ya ves? No hay lugar para lo limpio y lo sucio a la misma vez, para lo bueno y lo malo.

El libro de Génesis, en el capítulo dieciocho, nos cuenta que había mucha perdición en las ciudades de Sodoma y Gomorra y por lo tanto debían ser destruidas. Abraham inició una negociación con Dios, pidiéndole que no eliminara a esas ciudades si encontraba algunos justos en ella. Dios le concedió a Abraham encontrar los justos, pero no encontró ni uno. La destrucción de Sodoma y Gomorra corrobora la veracidad divina de que nadie te va a destruir si en tu vida está la justicia de Dios. Siempre que haya fuego de Dios en un lugar, hay esperanza. Siempre que haya fuego de Dios en un matrimonio, hay esperanza para que se restaure. Siempre que esté el Espíritu Santo en una familia, hay esperanza de que los hijos acepten al Señor. Siempre que haya presencia de Dios en una persona, hay esperanza para que Dios haga milagros en ella.

Si estás lleno del fuego de Dios, nada te hará daño, nadie te va a destruir. Tendrás victoria porque hay victoria prometida para ti, una victoria que ya se consumó en la cruz y solo necesita que tú la entiendas, la aceptes para que la puedas vivir todos los días y tengas testimonios reales de parte de Dios.

NO HAY LUGAR PARA LO LIMPIO
Y LO SUCIO A LA MISMA VEZ, PARA
LO BUENO Y LO MALO.

Durante el año 2020, existió una fuerte influencia del miedo sobre cada uno de nosotros, para hacernos tambalear en la fe, para tratar de borrar lo que Dios nos había dicho y prometido. Para sustituirlo por terror, por fracaso, por división. Pero los que estamos llenos del fuego de Dios sabemos que hay una palabra confirmada sobre cada uno de nosotros y es que sobre nosotros serán manifestadas señales (Marcos 16:18-20). Tenlo por seguro que sucederá.

En la iglesia de Tejas de Humacao, en Puerto Rico, a la cual asistí desde que nací, se celebraron muchos servicios en los cuales el fuego de Dios descendía y se manifestaba en muchas formas. Recuerdo una noche, cuando salimos de la reunión, sentimos que había algo que intentaba hacernos daño. Todos los que habíamos participado del servicio salimos listos y preparados para recibir más de Dios. De regreso a nuestra casa, en el auto recordábamos lo que habíamos presenciado en el servicio. Sabíamos que un tiempo nuevo había llegado y teníamos la certeza de que nada ni nadie nos iba a destruir. Volvíamos con las ventanillas bajas del auto, disfrutando de una hermosa brisa. Ya casi llegando a la casa, escuchamos un grito ensordecedor que salía de la misma. Parecía un grito de mujer. Era un espíritu que por años había estado tratando de traer tristeza y congoja a la familia. Pero ese día reconoció que habíamos recibido tanto de Dios y tuvo que huir. Teníamos la certeza de que todo iba a estar bien y que nadie nos iba a destruir. Aquel espíritu que intentaba vivir en nuestra casa y en nuestra familia tuvo que salir corriendo.

SIEMPRE QUE HAYA FUEGO DE DIOS EN UN LUGAR, HAY ESPERANZA.

Desde ese entonces pudimos sentir cómo una frescura inmediata llegó a la casa y algunos miedos que teníamos se fueron; situaciones de rencor y falta de perdón fueron resueltas.

Hoy yo puedo confirmar que cuando uno está lleno del Espíritu de Dios, se va todo lo que tiene que irse. Mucha gente me pregunta: ¿Cómo puedo sacar un hechizo, una brujería que me hicieron hace años y está todavía en mi casa? Yo les digo que lo impuro lo saca Dios a través de su Espíritu Santo. El Señor quiere que estés lleno de su poder para que el mal huya solo. Lo malo no aguanta la presencia de lo divino, ni la brujería, ni los hechizos, ni la maldad, ni la enfermedad. Ni siquiera el mismo infierno podrá hacerte daño. Nunca sentirás rencor, aunque te ofendan. Siempre reinará el amor y el perdón.

Somos propiedad de Dios. Él nos ha llenado y mora dentro de nosotros. Mientras tú sirvas a Dios, mientras estés lleno de su fuego, tu casa estará segura. Tu matrimonio, tus hijos, todo lo que te rodea estará seguro.

El fuego consumidor es necesario porque destruye lo que proviene de la carne, lo que quiere destruirte. Es necesario porque consume para devolvernos la libertad.

EL FUEGO CONSUMIDOR DESTRUYE LO QUE ES DEL ENEMIGO

Existe algo llamado fuego extraño. ¿Qué es? Los hijos de Aarón se vistieron con las ropas sacerdotales, prepararon los implementos y ofrecieron una ceremonia ritual delante de Dios. Sin embargo, el Señor rechazó de manera tajante y destructiva el tributo que le ofrecieron.

> "Nadab y Abiú, hijos de Aarón, tomaron cada uno su incensario, y pusieron en ellos fuego, sobre el cual pusieron incienso, y ofrecieron delante de Jehová fuego extraño, que él nunca les mandó. Y salió fuego de delante de Jehová y los quemó, y murieron delante de Jehová".
>
> LEVÍTICO 10:1-2

Este fuego extraño fue un fuego que no estaba asignado ni autorizado por Dios para ser utilizado en el culto. En el Antiguo Testamento, Dios estableció regulaciones específicas sobre cómo se debían llevar a cabo los rituales y ofrendas en el tabernáculo, y estas instrucciones eran muy detalladas. Nadab y Abiú decidieron ofrecer incienso de una manera que no estaba de acuerdo con lo que Dios había ordenado, lo que se consideró inapropiado y desobediente. La reacción divina fue inmediata y severa: un fuego salió de la presencia de Dios y consumió a Nadab y Abiú, resultando en su muerte. Por eso es de suma importancia obedecer las instrucciones divinas, especialmente en el contexto del culto y la adoración a Dios.

> CUANDO UNO ESTÁ LLENO DEL ESPÍRITU DE DIOS, SE VA TODO LO QUE TIENE QUE IRSE.

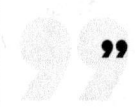

¿Por qué Nadab y Abiú fueron destruidos? Porque lo que hicieron fue a sabiendas, lo hicieron con hipocresía, lo hicieron con la motivación incorrecta. Creyeron que podían engañar a Dios, como si Él no los estuviera viendo, como si Dios no supiera lo que estaban haciendo. No podemos engañar a Dios como si estuviéramos llenos de fuego cuando no es verdad o cuando lo hacemos con la motivación incorrecta o el objetivo equivocado.

El *fuego extraño* busca distorsionar la revelación de Dios, daña al rebaño, lastima a la gente, perjudica el propósito de Dios. Por eso el *fuego extraño* es desobediencia, insensatez, esclavitud y desencadena en tragedia y muerte.

Pero Dios, con su poder, siempre transforma toda circunstancia para el bien de sus hijos.

> "Ahora bien, sabemos que Dios dispone todas las cosas para el bien de quienes lo aman, los que han sido llamados de acuerdo con su propósito".
>
> ROMANOS 8:28, NVI

Todo lo que es de Dios da buen fruto y es muy necesario. No se puede eliminar, quitar o acabar. Aunque pasemos por experiencias de dolor, debemos dar buen fruto, es súper necesario para Él. Todo lo creado por Dios es usado por Dios. Tu naturaleza es de Dios y refleja a Dios. Tú fuiste creado para el fuego.

> "Cuando sities a alguna ciudad, peleando contra ella muchos días para tomarla, no destruirás sus árboles metiendo hacha en ellos, porque de ellos podrás comer; y no los talarás, porque el árbol del campo no es hombre para venir contra ti en el sitio. Mas el árbol que sepas que no lleva fruto, podrás destruirlo y talarlo, para construir baluarte contra la ciudad que te hace la guerra, hasta sojuzgarla".
>
> DEUTERONOMIO 20:19-20

Dios puede usar todas las cosas, incluso aquellas que parecen no tener un beneficio inmediato, para el bien de sus hijos. Esto refuerza la visión de que Dios tiene un plan soberano y beneficioso para su creación.

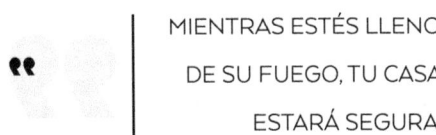

MIENTRAS ESTÉS LLENO DE SU FUEGO, TU CASA ESTARÁ SEGURA.

En la vida de mi esposo y en la mía, habían cosas que debían ser eliminadas para que el llamado de Dios fuese realidad en nosotros. Ya nos habíamos acomodado en lo que hacíamos como productores de música, pero había algo que me decía que todo lo que teníamos era temporal, con fecha de vencimiento. Eso era lo que yo le explicaba a mi esposo:—*Mi amor* —le dije—. *No te acomodes, no te sientas tan seguro con lo que tienes, porque todo puede desaparecer. Lo único eterno es Dios y la vida que Él nos da.*

Y sí. Muy cierto porque tuvimos que perder todo para llegar a donde Dios nos tiene hoy. Tuvimos que dejar los negocios, mudarnos de estado, dejar todo lo que nos hacía sentir cómodos y a la vez nos detenía. Ahora no alcanzaría ni un libro completo para contarte los milagros que vivimos día a día. Cada vez que viene el enemigo a molestarnos, Dios lo quita. Pero nunca nos ha quitado el llamado y los dones espirituales.

Termino este capítulo recordándote que los incendios forestales arrasan y destruyen todo lo que encuentran a su paso. Sin embargo, el fuego de Dios no destruye la vida de los cristianos; más bien, las limpia y restaura. El fuego natural destruye; pero el fuego de Dios repara, quita lo que no es de Dios y llena con lo que es divino.

Confía en Dios. Él es tu creador y sabe muy bien qué hacer. *¡Recibe el fuego de Dios!* Deja que llene todo tu corazón, todo tu interior para que Él sea el que pelee por ti. Tú debes entregar lo que necesita ser quemado y consumido por completo para experimentar los milagros de Dios manifestados en ti. Es mejor entregar en el altar por voluntad propia lo que debe ser quemado, porque aun si nos quedamos con ello el fuego igual lo destruirá todo; el fuego no deja rastro de nada.

Por eso Jesús dijo: *¡Consumado es!* Y lo entregó todo.

> "Cuando Jesús hubo tomado el vinagre, dijo: Consumado es. Y habiendo inclinado la cabeza, entregó el espíritu".
> JUAN 19:30

Consumado porque terminó con lo que necesitaba ser destruido. Satanás está destruido y ahora Cristo nos ha dado la victoria que había sido diseñada para nosotros.

RECUERDA

- Ten siempre presente que nadie te va a destruir; eres muy valioso para Dios y Él todavía tiene propósitos contigo. Si tienes el fuego de Dios, aunque algo venga y trate de destruirte, nunca te hará daño porque el mismo fuego del Señor lo consumirá.

REFLEXIONA

- ¿Podrías hacer una lista de los propósitos de Dios para ti?

- ¿Puedes identificar algún talento que poseas entendiendo que Dios te lo ha dado con un fin específico?

MIS NOTAS

....

....

....

....

....

....

EL FUEGO DE DIOS CONSUME

CAPÍTULO 3 |

EL FUEGO DE DIOS PURIFICA

LA FE QUE PASA
POR EL FUEGO DE
DIOS ES PURIFICADA,
FORTALECIDA Y NOS
ACERCA A LA VICTORIA.

CAPÍTULO 3

> "Para que sometida a prueba vuestra fe, mucho más preciosa que el oro, el cual, aunque perecedero se prueba con fuego, sea hallada en alabanza, gloria y honra cuando sea manifestado Jesucristo".
>
> 1 PEDRO 1:7

En este pasaje, el apóstol Pedro está usando la metáfora de una piedra preciosa para describir la fe de los creyentes. Él compara la fe genuina con algo muy valioso, y hace referencia a las Escrituras, para dejar muy claro cómo algunos pueden tropezar y caer por su incredulidad y desobediencia al mensaje de Cristo. Pedro resalta cuán importante es la fe en la vida del creyente, especialmente en medio de las pruebas y dificultades. Para mantenernos en fe y creyendo aun en medio de la adversidad, hace falta algo importante: ser probados y purificados por el fuego del Señor.

¿Quién no recuerda la canción de Marcos Witt que proclama: *"Purifícame, límpiame Señor, y líbrame de lo que impida el fluir de tu amor"*?

Para que el Señor fluya en nosotros con libertad, algo se tiene que ir. Suena feo, ¿verdad? Para eso quiero contarte la siguiente historia. Cuando Nelson y yo nos casamos logramos tener nuestro primer negocio propio: una librería cristiana. Nuestro deseo era que ese lugar fuera de paz, de tranquilidad. Donde se pudieran leer diversas versiones de la Biblia, escuchar música que exaltara a Dios. Que Él pudiera fluir en nosotros y en los clientes cada vez que entráramos a la librería, para que tuviéramos una experiencia de su mover. Y, aunque ese era nuestro deseo, en aquel lugar donde reinaba la paz, también allí entraba lo que no tenía que entrar.

> EN MEDIO DE LA ADVERSIDAD HACE FALTA ALGO IMPORTANTE: SER PROBADOS Y PURIFICADOS POR EL FUEGO DEL SEÑOR.

Un día estando en el negocio, encontré a uno de los empleados hablando con una joven. ¡Qué sorpresa! Estaban teniendo una conversación amena, pero nadie estaba orando por nadie y la joven tampoco andaba de compras. Yo nunca había visto a esta persona. Cuando la miré, ella se volteó y me miró y volvió a cambiar la vista expresándole al empleado que se quería ir. Enseguida me di cuenta de que se trataba de alguien que quería traer confusión. No le gustaba mi presencia, pero no era simplemente porque yo era la dueña de la librería; era algo más. Lo que operaba en esta persona, definitivamente no venía de Dios.

Cuando Nelson y yo pensábamos que en el lugar habría pura paz y gloria, por la cual habíamos orado tanto al Señor, nos encontramos con algo inesperado. Alguien quería molestar y dañar. Teníamos la certeza de que algo no andaba bien. Fue entonces cuando hablamos con los empleados, alertándolos sobre lo que estaba sucediendo y de lo que Dios nos había mostrado. Era una alarma para no ser engañados, pero también para poder brindarle ayuda a esta persona. En los días siguientes no hubo cambio alguno, por el contrario, la situación seguía peor. Esta joven regresaba mucho más a menudo esperando el momento cuando Nelson y yo no estuviésemos presentes. Pero ¿cómo sabía ella cuando no estábamos en la librería? ¿Quién le informaba? Ella seguía aprovechándose de nuestra ausencia para visitar el negocio.

Yo quería resolver este problema porque había personas que iban a la librería y honestamente se asustaban. Su apariencia física claramente indicaba que algo extraño sucedía en ella. El feo olor de esta joven, su mala vestimenta y mirada amedrentadora hacia los compradores, hacían que muchos optaran por irse del negocio.

A veces ella llegaba muy poseída y hacía ruidos extraños, peleaba sola, daba vueltas en el negocio, y hasta molestaba a los clientes empujándolos y riéndose de ellos en su misma cara. ¡Una situación muy difícil! ¿Qué debía hacer con alguien que necesitaba a Cristo? ¿Cómo ayudarla cuando ella no quería ayuda ni se dejaba ayudar? Es ahí cuando necesitamos que Dios intervenga con su fuego, porque fueron muchas las veces que se iba enojada cuando uno de los empleados trataba de hablarle de Dios.

Un día nos pareció como si Dios dijera: Tengo la solución y se las voy a mostrar. En aquel día parece que a ella no le funcionó lo que hacía antes para evitarnos y no encontrarse con nosotros. Esta joven llegó a la librería sin darse cuenta de que yo estaba parada justamente frente a la puerta del sector donde a ella le gustaba ubicarse. La joven abrió la puerta muy confiada como de costumbre, entró, se paró junto a la puerta, levantó la cabeza y miró directamente hacia la parte de atrás donde ella normalmente iba. ¡Qué sorpresa! Justamente allí estaba yo parada. Ella intentó cruzar su mirada con la mía, pero no pudo, y de inmediato miró al suelo. Hizo gestos, ruidos raros, y hasta le dio enojo como para atacarme. Intentó dar dos o tres pasos para seguir caminando hacia adentro de la librería, esperando ver si yo me movía, pero no pudo seguir caminando. No logró llegar al lugar que ella pensaba que le pertenecía. Ahí mismo comencé a orar: *"Señor, yo quiero ayudarla, pero ella no desea ser ayudada, ayúdame. Aquí me quedo parada, yo quiero que ella te vea a ti dentro de* mí. *Quiero que te sienta como te siento yo"*. Aplicando lo que dice 1 Pedro 1:7, mantuve la fe para no caer en la trampa. No me moví de la posición en donde estaba. Con una autoridad ficticia, ella me gritó muy fuerte y me dijo mirándome fijamente: *"No te soporto, me voy, yo regreso cuando tú no estés"*.

DIOS HA VENCIDO

¿Qué fuerte, no? Tener que enfrentar un enemigo sin amedrentarse y poder disfrutar de paz y tranquilidad. Mi esposo y yo creíamos que allí terminarían las persecuciones, en un lugar de paz y del fluir del amor de Dios, pero nos dimos cuenta de que el enemigo de nuestras almas siempre va a intentar confundirnos y traer desesperación. Dios nunca prometió que nuestra vida no tendría aflicciones. Jesús nos dijo:

> "En el mundo tendréis aflicción;
> pero confiad, yo he vencido al mundo".
> JUAN 16:33B

La palabra de Dios dice que tendremos aflicciones, que no todo será perfecto, que vendrán cosas que no esperamos ni queremos. Que intentarán atribularnos, molestarnos, pero tenemos la confianza de victoria en Jesucristo. Sabemos con seguridad que el Espíritu de Dios siempre fluirá en nosotros. A un cristiano le puede llegar un momento de desesperación, pero no debe estar siempre desesperado y atormentado; vivir así es como si no existiera el Dios de lo imposible, el que trae esa paz, aquel que venció al enemigo y la muerte. Mis padres me enseñaron que se puede estar en paz aun en los momentos más difíciles, y que si hay que llorar, lloramos. Pero que cuando tenemos a Cristo en el corazón no perdemos la alegría y el gozo, no perdemos esa paz y esa confianza que guardan nuestros corazones. Es ahí cuando realmente vivimos la experiencia de ser purificados por el fuego.

DIOS NUNCA PROMETIÓ QUE NUESTRA VIDA NO TENDRÍA AFLICCIONES.

Yo no sé si lo has podido experimentar, pero qué delicia es vivir momentos de extrema tristeza llenos de tranquilidad. Son momentos en los cuales nada reclama detenerse: ni nuestros planes, ni los propósitos de Dios. Incluso aquellos que son padres continúan con su rutina diaria sin afectar el bienestar de sus hijos; la vida persiste en su ritmo. También hablo de momentos como los de duelo, las dificultades extremas en el matrimonio, la inseguridad que acompaña la posibilidad de perder el empleo o el negocio. Y qué decir de los inmigrantes, que tienen que abandonarlo todo en su tierra natal y avanzar con determinación aun sin saber qué pueda pasar. Tener paz y gozo en momentos como estos es evidencia de que Dios está presente en nosotros y se manifiesta dándonos paz sobrenatural.

"¿Quién nos separará del amor de Cristo? ¿Tribulación, o angustia, o persecución, o hambre,

> o desnudez, o peligro, o espada? Como está escrito:
> Por causa de ti somos muertos todo el tiempo;
> Somos contados como ovejas de matadero. Antes,
> en todas estas cosas somos más que vencedores
> por medio de aquel que nos amó. Por lo cual estoy
> seguro de que ni la muerte, ni la vida, ni ángeles, ni
> principados, ni potestades, ni lo presente, ni lo por
> venir, ni lo alto, ni lo profundo, ni ninguna otra cosa
> creada nos podrá separar del amor de Dios, que es
> en Cristo Jesús Señor nuestro".
>
> ROMANOS 8:35-39

PURIFICACIÓN EN EL ANTIGUO Y NUEVO TESTAMENTO

Durante nuestras visitas a diversas ruinas en Israel, como las de Qumrán, hemos observado la presencia de vestigios de pozos y baños para realizar rituales. Estos últimos estaban diseñados para que las personas se purificaran. Descendían por unas escaleras hasta sumergirse en al agua para realizar su baño de limpieza. Al concluir el proceso, ascendían purificados, pero no por la misma escalera que habían bajado sino por otra, ya que estaban limpios. En la Biblia, la purificación se menciona en varios contextos, tanto físicos como espirituales. En el Antiguo Testamento, la purificación se refería al ritual de limpieza del cuerpo y del lugar de adoración, como se describe en el libro de Levítico. Por ejemplo, los sacerdotes y los objetos sagrados debían ser purificados antes de su uso en el templo (8:6). También se requería que las personas se purificaran después de tocar un cadáver o haber tenido una enfermedad contagiosa (15:1-33). Estas razones y muchas otras eran motivo de la necesidad de ser limpiados o purificados. En el Nuevo Testamento, donde se narra la historia de Jesús, la purificación se relaciona con la limpieza espiritual. Jesús habló sobre la necesidad de purificarse. En Mateo 23:26, encontramos que dice: "¡Fariseo ciego! Limpia primero lo de dentro del vaso y del plato, para que también lo de fuera sea limpio". Se refería al corazón y a la mente. Esta analogía poderosa nos enseña que la purificación va más allá de lo superficial; implica la transformación interna y la renovación de nuestras actitudes, motivaciones y pensamientos. Así como el agua purifica y renueva el cuerpo, permitiendo que lo impuro se disuelva, el proceso de purificación espiritual elimina de nuestras vidas las impurezas que contaminan nuestra relación con Dios y con los demás. Al embarcarnos en este viaje de purificación, abrimos la puerta a una mayor cercanía con Dios y a un caminar más auténtico y pleno en su presencia; es ahí en donde podemos ver al Señor manifestarse con su poder y fuego.

ES UN PROCESO CONTINUO

Para los cristianos, el proceso de purificación es continuo, y se lleva a cabo a través de la obra del Espíritu Santo fluyendo en la vida del creyente. La purificación que se llevaba a cabo en el Antiguo Testamento a través de rituales y ceremonias especiales que debían ser realizados por sacerdotes y otras personas designadas, son apenas una sombra del verdadero sacrificio que Jesús hizo en la cruz. Es el Espíritu Santo quien nos convence de pecado, nos ayuda a arrepentirnos y nos guía en nuestro camino en Dios. Jesús es el sacrificio final y completo que nos purifica de todo pecado, y el Espíritu Santo nos guía en nuestro camino de santificación (Tito 3:5).

Necesitamos continuamente el fluir de Dios en nosotros como canta Marcos Witt. Necesitamos el fluir de Dios, que se refiere al movimiento del Espíritu Santo en nuestra vida y a su obra en nosotros (Juan 7:38). Para que también seamos transformados y santificados. "Así, todos nosotros, que con el rostro descubierto reflejamos como en un espejo la gloria del Señor, somos transformados a su semejanza con más y más gloria por la acción del Señor, que es el Espíritu" (2 Corintios 3:18, NVI). Jesucristo es la solución; Satanás ya está vencido en la cruz, allí fue expuesto. Cristo lo derrotó, destronó y desarmó. Lo exhibió públicamente. A esto yo lo llamo Victoria Triple "D": "Derrotado", "Destronado" y "Desarmado".

> "Y despojando a los principados
> y a las potestades, los exhibió públicamente,
> triunfando sobre ellos en la cruz".
> COLOSENSES 2:15

El enemigo siempre intentará entrar en lugares que no le pertenecen, porque no tiene nada, quedó derrotado. Pero cuando él se encuentra con alguien que entiende el poder de la cruz y la resurrección, se va. ¡Se tiene que ir! No tiene más opción, porque la obra de Cristo fue consumada en la cruz y ahora el fuego de Dios lo elimina cuando él intenta tomar el lugar que no le pertenece. Tú tienes autoridad y victoria. Nada, por peor que parezca, te hará daño. Se va todo lo que se tiene que ir cuando hay alguien que está lleno del fuego de Dios.

> "¿No es mi palabra como fuego, dice Jehová,
> y como martillo que quebranta la piedra?".
> JEREMÍAS 23:29

Aceptemos que cuando el fuego de Dios nos purifica, algo tiene que irse. Dios removerá todo lo que tenga que remover, de hecho, el enemigo de nuestras almas no soporta la presencia del que está lleno del fuego de Dios. Satanás se retira cuando te ve ardiendo en fuego, lleno de Dios. Se va de inmediato porque sabe que saldrá perdiendo.

JESUCRISTO ES LA SOLUCIÓN; SATANÁS YA ESTÁ VENCIDO EN LA CRUZ, ALLÍ FUE EXPUESTO. CRISTO LO DERROTÓ, DESTRONÓ Y DESARMÓ.

¿Por qué el fuego de Dios consume, remueve y limpia lo que no es eterno de nosotros? Porque para poder llegar al segundo propósito del fuego (purificarnos) primero Dios nos limpia y luego purifica lo que es de Él en nosotros. Lo que no es de Dios tiene que irse.

No soy chef ni científica, y tampoco quiero sonar como tal, pero analicemos lo emocionante de cocinar un asado a la parrilla para verlo más claramente. La madera juega un papel crucial al convertirse en el elemento que aviva las llamas de la pasión culinaria. Desde la madera en su forma natural hasta la hermosa metamorfosis de convertirse en brasas, este proceso encierra una transformación que abraza no solo la madera misma, sino también el alma misma de la comida que cocinará logrando un asado perfecto.

Todo comienza con un trozo de madera al natural, llena de vida en su esencia. Al ser colocada en el fuego, el calor inicial despierta una respuesta en ella haciéndola arder y quebrarse ante la intensidad del calor. Pequeñas llamas comienzan a danzar alrededor de la madera, como si fuera un homenaje a un evento mayor. La madera comienza a arder, liberando el aroma y el ahumado prometiendo transformar la carne que pronto será colocada sobre la parrilla.

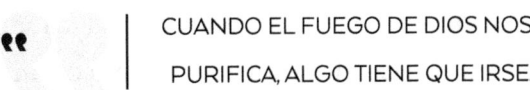

CUANDO EL FUEGO DE DIOS NOS PURIFICA, ALGO TIENE QUE IRSE.

Con el paso de algunos minutos, la madera cede a la fuerza del fuego, y su textura cambia. La humedad atrapada dentro de su estructura interna se evapora, y lentamente comienza a consumirse. Ahora la madera arde con una pasión voraz, como un artista realizando su última obra maestra. Las llamas chispeantes ceden el paso a las brasas ardientes, y es aquí donde la verdadera transformación sucede.

Las brasas, con un brillante resplandor, se convierten en el corazón ardiente de la experiencia de un buen asado. En este estado, la madera se ha transformado por completo. Ya no es un simple tronco; se ha convertido en un regalo del fuego, un regalo que otorga vida a la carne que reposa sobre la parrilla. Las brasas mantienen un calor constante y radiante, como el latido del corazón de la cocina misma. Disculpa si estoy provocando que se te haga agua a la boca, pero quiero que entiendas cómo nuestras vidas son transformadas para siempre, con el objetivo de irradiar amor, alegría y gozo en este proceso de purificación.

Sigamos entonces… Cuando la carne se encuentra en la parrilla con las brasas, comienza la espectacular danza del asado. La transformación continúa. La madera, ahora en forma de brasas, libera su calor a la carne. La carne se cocina lentamente, con amor y respeto por el fuego que ha transformado la madera en su última forma. Las brasas, con su calor apasionado pero controlado, cocinan la carne a la perfección, infundiendo sabores ahumados en cada bocado. Este proceso, de madera cruda a brasas ardientes, encapsula la esencia misma de la cocina a la parrilla. Es un ballet de elementos naturales que se unen en un acto de alquimia culinaria. La madera arde, la carne se cocina, y en cada sabor hay una historia de transformación y pasión. El asado, como el fuego que lo alimenta, nunca es estático; es una danza de transformación y sabor constante, que nos transporta a un viaje sensorial y nos conecta con la esencia de la cocina.

¿Dime si con tal emocionante descripción no te dieron ganas de probar esa exquisita carne asada?

Uso el ejemplo de la transformación del asado como una representación de nuestra vida de transformación profunda en Cristo. La madera ardiendo simboliza nuestra naturaleza original, llena de imperfecciones y susceptibilidades al pecado. La carne simboliza nuestras acciones y actitudes; se coloca sobre las brasas de la gracia divina.

El fuego representa el amor y el poder transformador de Cristo; comienza a actuar sobre nosotros, y nuestras debilidades y pecados comienzan a ceder ante la intensidad de la presencia divina. A medida que el fuego de Cristo nos abraza, el calor de su amor evapora las impurezas de nuestro ser interior, liberando aromas dulces de renovación.

En este proceso, no somos dejados en un estado estático, sino que experimentamos una danza de adoración constante de transformación espiritual. Así como el asado nunca permanece igual, nosotros tampoco permanecemos iguales. A medida que somos abrazados por el fuego de la gracia divina, nuestras vidas comienzan a reflejar el carácter de Cristo de manera más completa. Nuestras palabras, pensamientos y acciones se impregnan de su amor, gracia y verdad.

A medida que avanzamos en este viaje espiritual, nos conectamos con la esencia misma de la vida en Cristo. Experimentamos el sabor profundo de su presencia en nuestras vidas, y cada transformación, cada avance en santidad, se convierte en una historia de pasión por nuestro Salvador. La vida en Cristo es como una obra maestra culinaria en constante evolución, donde cada etapa de transformación nos acerca más a la imagen de nuestro Creador.

Como resultado final, así como el asado es presentado y servido como una comida que nutre y satisface, nuestras vidas transformadas en Cristo son presentadas como un testimonio que nutre y satisface el alma de aquellos que nos rodean. Somos llamados a compartir con el mundo el aroma de la gracia divina y el sabor de la transformación, invitándolos a unirse a esta *danza de adoración divina*, de cambio y redención en Cristo.

CADA ETAPA DE TRANSFORMACIÓN
NOS ACERCA MÁS A LA IMAGEN DE
NUESTRO CREADOR.

Tú me preguntarás: ¿Qué sucede cuando la brasa se apaga? ¿Se acaba el asado? Es natural preguntarse qué ocurre, sin embargo, en la vida cristiana tenemos el poder de mantener la brasa siempre ardiendo. Es como cuando añadimos más madera al fuego del asado para mantenerlo vivo y vibrante. Nuestra vida de pecado simboliza esa madera que debemos llevar constantemente al altar, sometiéndola a Dios para que sea transformada en brasas. Este proceso de entrega sostiene la llama ardiente de manera continua, impidiendo que se apague. De manera similar, en nuestra vida espiritual y emocional, tenemos la capacidad de nutrir y reavivar constantemente las brasas, quemando las maderas del dolor, la angustia y ansiedad. Esto produce en nosotros la pasión y la conexión con el Poderoso y Divino.

A través de la oración, la reflexión, el estudio de la Palabra y las acciones en línea con los valores de las Escrituras, seguimos agregando «madera» para mantener viva la llama que nos impulsa. La clave está en cultivar una relación constante con nuestra fuente de inspiración, asegurándonos de que nuestra brasa nunca se apague por completo.

Yo sé que hay momentos difíciles y donde no entendemos el por qué pasamos por ellos. Pero no nos damos cuenta de que, como a la madera que cambia de un estado a otro, Dios está operando a través de su fuego para consumir lo que tiene que irse y purificar y perfeccionar lo que debe quedarse en nosotros. Todo lo de Él, toda su naturaleza en nosotros será purificada en cada uno de los que le creen. Siempre vamos a ser probados por el fuego y si Él encuentra algo que no debe estar ahí, el fuego purificador de Dios nos limpiará de toda maldad, de toda apatía espiritual, de todo pecado. Nos hará más puros, más parecidos a la imagen de Cristo. Así, purificados, comienza el siguiente proceso de propagarnos. No podemos propagar lo que no es de Dios. Propagaremos su perfección. Su amor fluirá, su mismo Espíritu y fuego para que otros también ardan en fuego para a su vez ser purificados y se multipliquen, propagando la pureza del Señor.

¿QUÉ PURIFICA EL FUEGO DIVINO?

Al abordar el tema de la purificación, encuentro un paralelo notable con el proceso de limpieza del oro. Así como exploramos la preparación de la madera para un asado, no podemos pasar por alto el ejemplo del oro. Cuando se descubre oro en una montaña, el proceso comienza con una limpieza exhaustiva. Primero se le pasa un cepillo y se lava minuciosamente para eliminar cualquier residuo de tierra, barro u otros minerales que puedan estar adheridos a él. Sin esta etapa de limpieza, el oro no puede considerarse puro. Pero la verdadera pureza del oro solo se logra a través del sometimiento al fuego.

De manera similar, la vida del cristiano refleja este proceso de limpieza o purificación. Al igual que el oro crudo, nuestras vidas pueden estar afectadas por las impurezas de la naturaleza humana, las influencias negativas y las imperfecciones que se nos pegan a lo largo del tiempo. Como el oro que es lavado y limpiado para liberarse de todo lo que lo ensucia, nosotros también necesitamos someternos a un proceso de purificación. Este proceso implica permitir que la "luz del fuego" de la verdad y la gracia de Dios penetre en lo profundo de nuestro ser, eliminando cualquier suciedad que pueda existir.

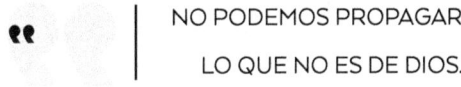

NO PODEMOS PROPAGAR LO QUE NO ES DE DIOS.

Es el fuego del amor y la verdad de Dios lo que nos purifica, quemando las impurezas en nuestros corazones y mentes. Así como el oro es sometido al fuego para liberarlo de sus impurezas y alcanzar su máxima pureza, los desafíos y pruebas que enfrentamos en la vida de fe también actúan como un fuego purificador en nuestra propia transformación espiritual. A medida que permitimos que Dios actúe en nosotros, nos convertimos en obras maestras en proceso de purificación, avanzando hacia una mayor semejanza con Cristo.

En última instancia, al igual que el oro purificado es precioso y valioso, nuestras vidas purificadas se convierten en testimonios de la obra redentora de Dios en nosotros. Nuestra disposición a someternos al proceso de purificación nos permite brillar con una luz interior, revelando la pureza y la belleza de la fe que hemos abrazado. Así como el oro purificado es utilizado para crear joyas y obras de arte valiosas, nuestras vidas purificadas en

Cristo se convierten la mejor obra de arte, expresión de su amor y gloria en este mundo.

El fuego divino elimina todo lo que no debe estar en nuestras mentes y corazones (rencores, dolor, enfermedad…). Purifica e intensifica todo lo que hay de Dios en nosotros, todo lo que es divino en nuestras vidas, todo lo que fue depositado cuando Él nos creó.

> NUESTRAS VIDAS PURIFICADAS EN CRISTO SE CONVIERTEN EN UNA EXPRESIÓN DE SU AMOR Y GLORIA EN ESTE MUNDO.

Mateo se enfrentó a una circunstancia decisiva cuando con una simple palabra Jesús lo llamó diciendo: *"Sígueme"*. Fue lo único que expresó Jesús y que provocó que Mateo se levantara y lo siguiera. Ahora, Mateo iba a tener que enfrentar el malestar de los fariseos que no entenderían que el fuego de Dios podía transformar a un recaudador de impuestos en un seguidor de Cristo.

Seguramente habría cosas que Mateo como recaudador de impuestos debía cambiar, pero es el fuego el que, cuando se le da el permiso, quema todo lo que no es de Dios y purifica todo lo que sí es de Él. Mateo no estaba preocupado por lo que él era antes de que Jesús lo llamara, ni de lo que pudieran decir los fariseos; él sabía que, con el llamado de Jesús, su vida cambiaría e iba a poder parecerse más y más al Maestro, si él le permitía purificarlo.

En una ocasión conversaba con una persona, quien al entregar su vida a Jesús, por primera vez empezó a sentir los cambios que estaba haciendo el Espíritu Santo de Dios en él y nos decía a mi esposo y a mí: *"Yo necesito cambiar de trabajo, yo no puedo, no soporto estar más allí"*. Este hombre trabajaba en un lugar donde el ambiente morboso, el lenguaje obsceno, la denigración de la mujer, ahora se hacía evidente, y cosas que antes no le molestaban parecían venir a su mente una y otra vez haciéndolo sentir incómodo.

Él sentía la necesidad de moverse de lugar porque reconocía que algo sobrenatural estaba trabajando en él y necesitaba un lugar nuevo. Por eso, en la medida en que permites que Dios se manifieste como fuego purificador, comienzas a experimentar más pureza y el Espíritu Santo te ayuda a abandonar no solo trabajos deshonestos, sino también vicios. Abandonas el pecado, dejas la pornografía, te alejas de la carne y te acercas a lo divino. Te conviertes en alguien más puro.

Otro ejemplo bíblico de lo que tiene que ser eliminado, se encuentra en el libro de Éxodo. El corazón del Faraón estaba endurecido y Dios envió plagas para provocar que el rey de Egipto cediera y el pueblo israelita pudiera salir de esa tierra donde eran esclavos. El Faraón no permitió que Israel saliera de inmediato. Este proceso de salir, Dios lo usó para perfeccionarlos, purificarlos y eliminar la maldad de los egipcios, la opresión y la autoridad manipuladora a la que no debían estar sometidos. Como el Faraón no dejaba ir al pueblo de Dios, Egipto y sus ciudadanos comenzaron a sufrir muchas plagas que los atormentaban (sangre, ranas, piojos, moscas, muerte de ganado, úlceras, granizo, langostas, tinieblas y la muerte de los hijos primogénitos).

La plaga de granizo cambiaría muchas cosas, incluyendo la mentalidad del Faraón.

> "Y Moisés extendió su vara hacia el cielo, y Jehová hizo tronar y granizar, y el fuego se descargó sobre la tierra; y Jehová hizo llover granizo sobre la tierra de Egipto. Hubo, pues, granizo, y fuego mezclado con el granizo, tan grande, cual nunca hubo en toda la tierra de Egipto desde que fue habitada. Y aquel granizo hirió en toda la tierra de Egipto todo lo que estaba en el campo, así hombres como bestias; asimismo destrozó el granizo toda la hierba del campo, y desgajó todos los árboles del país. Solamente en la tierra de Gosén, donde estaban los hijos de Israel, no hubo granizo. Entonces Faraón envió a llamar a Moisés y a Aarón, y les dijo: He pecado esta vez; Jehová es justo, y yo y mi pueblo impíos. Orad a Jehová para que cesen los

truenos de Dios y el granizo,
y yo os dejaré ir, y no os detendréis más".

ÉXODO 9:23-28

Este pasaje nos muestra un proceso de transformación, donde ser consumidos y purificados nos lleva a un lugar mejor. Para crecer, caminar y avanzar, es necesario que le permitamos a Dios que se manifieste como fuego y así eliminar lo que nos pueda estar deteniendo y llegar a propósitos mayores y más grandes que los propósitos personales. Quizás pueda surgir una pregunta en tu mente: *"Pero, Migdalia, si el fuego de Dios se manifiesta como llama ardiente, ¿por qué mencionas todas esas plagas que, en muchos casos, no eran fuego, como las ranas?"*. Mi respuesta plantea otra pregunta: ¿Será que Dios solo se manifiesta como fuego? La respuesta es "no". Él se manifiesta de muchas otras formas en las que sigue estando su presencia. No importa de qué forma se manifieste, su presencia siempre producirá cambios. Pero sí sabemos que, cuando se aparece en forma de fuego, su manifestación consume, elimina, purifica para entonces contagiar a otros.

COVID-19: LA PANDEMIA DEL SIGLO XXI

¿Para qué llegó esta pandemia que se inició en China en diciembre de 2019? ¿Quién eliminó esta pandemia? ¿Es curioso, verdad? En cada una de las plagas, era Jehová quien eliminaba las plagas. A causa de la pandemia, nos quedamos en casa para no contagiarnos. ¡Y sí!, podemos ayudar a no propagar el virus, pero eliminarlo es cosa de Dios. Podemos unirnos o no a las grandes discusiones que trajo esta pandemia. La pelea de aplicarse o no la vacuna. La pelea de que si es la marca de la bestia o no. La pelea de que el Gobierno quiere matarnos a través de una vacuna. O muchas otras discusiones que provocó esta pandemia.

SU PRESENCIA SIEMPRE
PRODUCIRÁ CAMBIOS.

Pero la realidad es que, si hay algo que Dios quiere hacer en estos tiempos, es derramar su fuego. Permítele a Dios derramar su fuego ahora, para eliminar el miedo que tratan de sembrarte, la depresión que ha atacado a miles, la ansiedad que a muchos les produce el tratar de defenderse, la inseguridad que muchos aceptan con tal de sentirse seguros, los intentos de suicidio que parecieran ser una solución y la frialdad moderna que intenta apagar el fuego que tiene la Iglesia de Cristo. Llenarnos de su fuego es la respuesta para estos tiempos.

También existen otros tipos de virus que llegan a nuestra mente y luchamos contra ellos, porque intentan movernos del lugar divino en donde Dios nos ha plantado. Pensamientos de mal, de odio, de dolor, de lástima, de superioridad, de perfección humana.

Me atrevo a profetizar que habrá una manifestación del fuego de Dios para eliminar lo que ataca a muchos creyentes, para purificarlos. Ese avivamiento, del que una vez me habló el Señor en el 2004, será la propagación de su gloria en medio de su pueblo. Permitámosle al fuego de Dios llenarnos y eliminar cualquier tipo de pensamiento que no es de Él. Si no actuamos a tiempo, será más difícil deshacernos de ellos. Pero cuando le permitamos al fuego de Dios, al Espíritu Santo, llenarnos y operar en nosotros, el mismo fuego arrasará con todo lo que sobre. El fuego borrará todo mal de nuestras mentes y nuestros corazones, y con seguridad podremos vivir manifestando cada gajo del fruto del Espíritu, aún en medio de la adversidad. Cuando alguien venga a oprimirte, Dios hará lo que tenga que hacer para librarte.

Quisiera ampliar un poco acerca de lo que Dios me habló en el 2004, pidiéndome que nos mudáramos a la ciudad de Atlanta. Una de las cosas que me dijo (como lo ha dicho a otros pastores también) es que vendrá un avivamiento. Yo le creo. Por eso escribo este libro, para que te prepares, para que estés listo, porque el fuego de Dios será derramado para destruir lo que tenga que ser destruido y para purificar a su pueblo, sus escogidos.

En esta guerra, lo malo tiene que ser derrotado: la mentalidad carnal, la incredulidad, la duda de la presencia de Dios, la frialdad, el pecado, la envidia, la apatía. Solo llenos con el fuego de Dios podremos entender sus propósitos para estos tiempos y estar listos como Él quiere encontrarnos cuando regrese.

El problema para Israel no eran las plagas. No era cuestión de dejarlos ir y listo. Era cuestión de eliminar lo que tenía que ser eliminado, quitar la opresión del Faraón, para ser purificados como pueblo, para poseer la tierra prometida.

CUANDO ALGUIEN VENGA A OPRIMIRTE, DIOS HARÁ LO QUE TENGA QUE HACER PARA LIBRARTE

¡La voluntad de Dios será la que permanezca! Su palabra dice que debemos comprobar que es "...buena, agradable y perfecta" (Romanos 12:2). No cuestionemos a Dios cuando el Señor endurece el corazón de algunos; no cuestionemos a Dios cuando muchos nos señalan; cuando suceden cosas contrarias a lo que esperamos. No cuestionemos a Dios intentando echarle la culpa. Démosle espacio al fuego de Dios en nuestras vidas para ver los milagros que estamos esperando. Faraón se creyó más poderoso que Dios y pensó que su voluntad personal era mayor que la voluntad de Dios. Faraón se oponía, y porque se oponía recibió el resultado de sus decisiones, porque nada ni nadie les hace daño a los hijos de Dios. Aunque venga la prueba y la tormenta, somos más que vencedores cuando estamos llenos de su fuego.

> "La paz os dejo, mi paz os doy;
> yo no os la doy como el mundo la da.
> No se turbe vuestro corazón, ni tenga miedo".
> JUAN 14:27

Normalmente si hablamos de paz nos referimos a ausencia de guerra o de conflicto. Pero el "Shalom", la paz que menciona la Biblia es mucho más que ausencia de guerra o cualquier clase de prueba. Significa bienestar total, seguridad, plenitud de gozo que alcanza todas las áreas de nuestra vida.

Para formarnos a su imagen, Dios tiene que remover todo lo que no se parece a Él. Aquellas cosas que sí se parecen a su imagen pero que aún son débiles porque no están siendo usadas, deben ser fortalecidas. Entonces, es la misma tribulación la que desarrolla los músculos de la fe mientras nos purifica. Además, las tribulaciones también nos demuestran quiénes somos en Cristo. Cuando alguien que profesa ser cristiano se aparta del Señor a causa de la tribulación, está probando que nunca fue lo que profesó ser (Mateo 13:5-7). Pero aquellos que atraviesan el valle de sombra y de muerte sin temor, manteniéndose firmes en Cristo Jesús, demuestran al mundo que verdaderamente le pertenecen y que cada vez dan más frutos (Mateo 13:8).

Me gustaría contarte el final de la historia de aquella joven de la que te mencioné al principio de este capítulo, la que frecuentaba nuestra librería cristiana. Ella todavía lucha con dejar ir lo que tiene que irse para ser totalmente libre y purificada, para que el Espíritu de Dios se mueva y fluya con libertad y sea completamente transformada.

RECUERDA

- Necesitamos vivir en paz y confiados en lo que Dios está haciendo. Él no se cansa. Él continúa actuando, y su gloria se manifestará en cada uno de los que le creen y desean ser purificados. Muchas cosas que has intentado eliminar, y con tus fuerzas no lo has logrado, se irán, desaparecerán, porque nunca te faltará el fuego purificador mientras le permitas a Dios hacer su excelente y maravilloso trabajo en ti.

REFLEXIONA

- ¿Podrías identificar alguna ocasión en tu vida donde Dios haya obrado para purificarte?

- ¿Hay algún área de tu vida que necesite aún ser pasada por el fuego para ser purificada?

MIS NOTAS

....

....

....

....

CAPÍTULO 4

EL FUEGO DE DIOS ILUMINA EL CAMINO

DIOS SIEMPRE ILUMINA TU CAMINO Y TE DA DIRECCIÓN, GUIÁNDOTE HACIA SU PROPÓSITO PERFECTO.

CAPÍTULO 4 |

DIOS SIEMPRE VA A DAR DIRECCIÓN

Alguna vez pudiste haber tenido un sueño de parte del Señor o Dios te habló de alguna otra manera. Es importante señalar que Dios no se comunica exclusivamente a través de sueños; utiliza diversas formas para transmitir su mensaje. Personalmente, he experimentado la comunicación divina de varias maneras, y una de ellas ha sido a través de los sueños. Algunas personas luego de tener un sueño, pasan mucho tiempo confundidas e incapaces de entender su significado. Cada vez que Dios me habló a través de sueños, al concluir la visión en el sueño y abrir los ojos, no me ha quedado la menor duda de que fue Dios quien se comunicó conmigo.

Creo firmemente que cuando Dios habla, ya sea a través de sueños o de cualquier otra manera, nunca deja lugar a dudas. Recuerda que "Dios no es Dios de confusión, sino de paz" (1 Corintios 14:33). Por lo tanto, aunque el sueño pueda parecer difícil de comprender, si proviene de Dios, traerá paz en lugar de confusión.

Entiendo que Dios me ha dado visiones en sueños principalmente por tres motivos. En primer lugar, para comunicarme que va a hacer algo y desea que yo lo sepa. En segundo lugar, para advertirme de algo que está sucediendo, instándome a tomar acción. Es posible que, en el momento del sueño, yo no tenga la estrategia completa para llevar a cabo, pero es en ese momento cuando más intensifico la oración y le pido al Señor que me muestre lo que debo hacer. No hubo una sola vez en la que Dios no me haya mostrado la respuesta. En tercer lugar, cuando Dios me concede sueños es para indicarme que no me preocupe, ya que, si Él me ha otorgado el sueño, es porque Él está y continuará estando conmigo. En todo momento, Él me brinda claridad y estrategias de su reino que han sido de bendición.

> "Te haré entender, y te enseñaré el camino en que debes andar; Sobre ti fijaré mis ojos".
>
> SALMOS 32:8

Nunca le temas a lo que pueda suceder, porque cuando estás en el camino de Dios, cuando estás en la voluntad del Señor, cuando estás lleno del fuego de Dios, Él siempre iluminará tu camino. Él te va a decir lo que debes hacer, nunca te dejará solo sin saber a dónde ir. Quizá el Señor no lo haga a través de sueños necesariamente, pero te aseguro que nunca te sentirás perdido o dudoso en ninguno de tus asuntos. Él siempre te va a iluminar de la forma que sea y en el tiempo preciso para que veas su luz y sepas qué hacer.

> CUANDO DIOS HABLA, YA SEA A TRAVÉS DE SUEÑOS O DE CUALQUIER OTRA MANERA, NUNCA DEJA LUGAR A DUDAS.

Dios nos ilumina porque Él quiere algo para nosotros, porque hay un plan más grande que nuestros propios planes. Él sabe que necesitamos dirección. Él se mueve a nuestro favor dándonos luz, Él no te va a fallar.

CAMBIAR ES PARTE DEL PROCESO

Por lo general, cuando el Señor ilumina nuestro camino dándonos dirección, nos damos cuenta de que algunas cosas deben cambiar. Por eso cambiar es parte del proceso para llegar a lugares más altos, más grandes. No es que todo el tiempo vayamos por el camino incorrecto, pero siempre hay rutas que terminan y otras aparecen. Pero cuando se trata de nuestra vida en Dios hay un fenómeno que te explicaré a continuación. Para poder llegar a esa explicación, veamos lo que dicen las Escrituras: "No te acerques más —le dijo Dios—. Quítate las sandalias, porque estás pisando tierra santa" (Éxodo 3:5, NVI).

Cuando Moisés salió de Egipto huyendo por haber matado a un egipcio que le hacía daño a un israelita, se encontró en el camino con esta zarza única que ardía en fuego y no se consumía. Me imagino que aquella escena lo detuvo en el camino y que probablemente hizo que olvidase el deseo de huir. Sí, él se detuvo a mirar aquella escena nunca vista por seres humanos. Lo que sí pudo haber visto Moisés antes de esta escena, eran plantas siendo quemadas y consumidas por los fuegos forestales, pero esto de una planta envuelta en llamas que no se consumía, debe haber sido algo de otro nivel. Me imagino un gran espectáculo que detuvo su huida para decidir quedarse allí.

CUANDO ESTÁS LLENO DEL FUEGO DE DIOS, ÉL SIEMPRE ILUMINARÁ TU CAMINO.

Aquel evento de la zarza ardiendo en el monte Horeb fue el momento preciso en el que Dios comunicó su voluntad a Moisés. Fue una experiencia totalmente nueva para él, y por lo tanto lo más seguro es que incluía cambios para su vida. Esta experiencia nos enseña que cambiar es parte del proceso y nos invita a reflexionar en cómo nos acercamos y nos relacionamos con lo divino. Cuando estemos en la presencia de Dios, debemos acercarnos con reverencia y respeto, dispuestos a despojarnos de lo que sea necesario para permitir que Él realice los cambios en nosotros.

Moisés escuchó las órdenes desde aquella zarza ardiente, con mucha claridad. La experiencia revelaba un lugar sagrado que conectaba el cielo con la tierra. "No te acerques más", resonaron las palabras de Dios. "Quítate las sandalias, porque estás pisando tierra santa". Este mandato trasciende el acto físico de quitarse las sandalias y llega al corazón mismo de la actitud ante lo sagrado. El calzado representa lo terrenal y lo mundano, y quitarse el calzado indica la necesidad de entrar puro a la presencia del Señor.

 CAMBIAR ES PARTE DEL PROCESO.

Esta era una actitud nueva para Moisés. El hecho de quitarse las sandalias me lleva a pensar que había ciertas actitudes que Moisés tenía y que necesitaba cambiar. Yo no tengo dudas de que, al enfrentarse a esta zarza, Moisés recordó el momento en que se convirtió en un hijo abandonado, cuando lo colocaron en una canasta y lo dejaron a la deriva en el río Nilo. Seguramente recordó también el momento en que se convirtió en hijo adoptado por la hija del Faraón, una mujer de otra nacionalidad (egipcia siendo él israelita). Posiblemente recordó su condición de hermano cuando defendió a uno de su propia sangre, matando al egipcio que lo estaba golpeando. Seguramente también pasó por su mente el tiempo en que formó una familia al casarse con Séfora y se desempeñó como pastor de ovejas cuidando el rebaño de su suegro Jetro. Cada una de las experiencias difíciles que Moisés vivió le generó una sensación de alerta respecto a lo que pudiera sucederle en el futuro. Mi mente vuela y se imagina a Moisés cuestionándose: "¿Qué más debo cambiar?". Nos queda muy claro que la vida de Moisés estuvo llena de desafíos, cambios, momentos inesperados y ahora ¿otra experiencia más? ¿Qué más podía pasarle a este hombre luego de este episodio, nunca visto, de una zarza ardiendo?

Quizás algunos ante un desafío nuevo cuestionan a Dios diciendo: *"¿Otra cosa más, Dios?"*. Quizás asombrados dicen: *"¡No, no puede ser, no lo puedo creer, Dios! ¿Qué más me va a suceder?"*.

Ponte en el lugar de Moisés, todo lo que había vivido y ahora esto, ¡imposible! Pero sí, Dios quería más para él, como también lo quiere para ti.

En un mundo moderno lleno de ruido y distracciones, Dios persiste en brindarnos luz. Él desea que nos acerquemos a lo sagrado, sea en un lugar físico o en una experiencia espiritual, es esencial liberarnos de las cargas que arrastramos, dejando atrás las preocupaciones mundanas y las limitaciones del ego. Al hacerlo, abrimos nuestros sentidos a lo sagrado y permitimos que lo divino toque nuestro ser más profundo.

DIOS PERSISTE EN BRINDARNOS LUZ.

En nuestras propias vidas ¿cuántas veces cruzamos terrenos santos sin reconocer su importancia? ¿Cuántas veces pasamos por alto la oportunidad de experimentar la presencia del Espíritu Santo debido a las distracciones de la rutina? Al igual que Moisés, somos llamados a despojarnos de lo que nos impide reconocer y honrar la presencia del Señor en nuestro entorno y en nosotros mismos. Entonces, al quitarnos las sandalias de la distracción y la indiferencia, podemos encontrar tierra santa en cada paso que damos, en cada momento que vivimos. De esta manera, nos acercamos con reverencia y respeto al misterio que nos rodea. De esta manera, sentimos algo profundo en lo simple, descubrimos lo especial en lo cotidiano y nos conectamos con la verdadera belleza de la vida que, como Moisés, encontramos cuando caminamos descalzos. Es desalentador observar a aquellos que han seguido el camino del cristianismo durante muchos años, quedándose en un punto fijo y contentos con mantenerse igual, sin buscar avanzar hacia lo que Dios les presenta en cada temporada. En una ocasión, le pregunté a alguien a quien veía con mucho potencial, pero al mismo tiempo, notaba que se conformaba demasiado con lo que ya había logrado. No es que estuviera en una situación difícil o adversa; todo le iba bien. Sin embargo, yo sabía que podía lograr aún más. Le pregunté cómo se sentía con respecto a sus metas y logros de vida, a lo que respondió con el pecho hinchado, la cabeza levantada y una sonrisa, como si hubiera ganado la presidencia de un país o una compañía: "Me siento realizado". Esa respuesta quedó grabada en mi mente porque ¿quién no desea lograr algo más en la vida?

Hay personas que constantemente anhelan alcanzar metas que les permitan quedarse en ellas para evitar el esfuerzo adicional y evitar enfrentar dificultades. Muchas veces desean quedarse ahí detenidos, con tal de no esforzarse más para crecer. Todavía hay mucho más por descubrir; no hemos alcanzado todo lo que Dios ha dispuesto y nos tiene reservado. Vamos en crecimiento y no nos faltará la luz que continúa brillando y que nos ilumina para continuar, como dijo Pablo: "Hermanos, yo mismo no pretendo haberlo ya alcanzado; pero una cosa hago: olvidando ciertamente lo que queda atrás, y extendiéndome a lo que está delante, prosigo a la meta, al premio del supremo llamamiento de Dios en Cristo Jesús" (Filipenses 3:13-14).

¿No te gustaría lograr algo más en la vida? Yo creo que todos lo queremos. Todos deseamos posiciones más altas y mejores. Querer más no es malo, al contrario, es necesario progresar, caminar sin detenernos, multiplicar para que el mundo vea a Cristo reflejado en nosotros.

> "Así alumbre vuestra luz delante de los hombres, para que vean vuestras buenas obras, y glorifiquen a vuestro Padre que está en los cielos".
> MATEO 5:16

Imagina a una persona en un escenario oscuro con solo un pequeño foco de luz encendido, iluminando una parte del suelo. Se encuentra de pie en ese punto brillante, como si estuviera pegada allí. Aunque la oscuridad la rodea, esa luz le brinda seguridad y comodidad. Sin embargo, mientras está ahí, no se da cuenta de que hay mucho espacio alrededor suyo para moverse y explorar. Es como si esa persona estuviese atrapada en esa pequeña luz y ya no quisiese avanzar. No se da cuenta de que puede caminar fuera del reducido espacio iluminado y descubrir nuevas áreas que están en la oscuridad. Simplemente se queda donde está, sin darse cuenta de las posibilidades emocionantes que hay más allá del área iluminada.

En términos de crecimiento y avance, es importante no quedarnos atrapados en nuestra zona de comodidad. Si nos aferramos a lo que conocemos y no exploramos nuevas oportunidades, nos limitamos a nosotros mismos y a nuestro potencial. Al que está en Cristo nunca le sucede esto de quedarse atrapado en una situación. La luz de Cristo es como un faro que ilumina todo, mostrándole nuevas oportunidades para crecer.

Cuando estamos cerca de Dios, siempre hay cosas por descubrir y alcanzar. Debemos continuar, sin importar cómo hayan sido nuestros procesos. La experiencia de vivir en Dios no está completada aún, nos falta más y el Señor está listo y deseoso que veamos el camino que Él está iluminando ahora mismo, un camino para crecer.

SIEMPRE HAY COSAS POR DESCUBRIR Y ALCANZAR.

Como cuando Jesús caminó con una cruz sin detenerse hasta lograr lo que su Padre le había prometido. Sin duda Él tenía el camino iluminado y claro para seguir logrando alcanzar las promesas de su Padre, ahora se nos revela a nosotros un camino claro e iluminado hacia una hermosa gloria que nos hace continuar.

LA EXPERIENCIA DE VIVIR EN DIOS NO ESTÁ COMPLETADA AÚN.

Moisés había sido elegido para hacer algo mayor: dirigir a Israel, el pueblo de Dios, a un lugar grande, a una tierra donde fluía leche y miel. Moisés sacaría a Israel de Egipto para ponerlo en un mejor lugar. ¿Qué recuerdas tú que intenta estancarte? ¿Qué experiencias puedes contar? ¿Que fuiste abandonado por tu padre o madre? ¿Que naciste enfermo? ¿Que te esforzaste toda la vida para nunca obtener nada? ¿Que no tienes dinero? ¿Que fuiste abusado sexualmente cuando eras pequeño? ¿Que la experiencia que tuviste en la iglesia anterior te detuvo y te hace dudar de todas las iglesias? Piensa, ¿cuáles son las cosas que te frustran? Sí, has leído bien: frustraciones. Son esos pensamientos que aún no has logrado superar, los que te mantienen en un punto muerto. Tu crecimiento sigue avanzando, pero eres tú quien lo frena. ¡Ha llegado el momento de hacer un cambio!

Recuerdo con lujo de detalles tiempos muy difíciles cuando yo era una niña de tan solo seis años. Fui la número cuatro, de cinco hijas, todas mujeres. Ya mis tres hermanas mayores eran cantantes y salían a cantar a diferentes iglesias de la isla de Puerto Rico, prácticamente todos los días de la semana. Mi padre las llevaba cada vez que ellas salían. Mi hermanita menor nació con una disfunción cardíaca, justo cuando mis padres iniciaban un nuevo negocio de floristería. Mi padre era albañil y ayudaba a mi madre en la floristería. Por las tardes, luego de salir de su trabajo, lleno de cemento en sus brazos, ropa y calzado, se limpiaba y cambiaba para llevar a sus niñas más grandes para que adoraran al Señor con sus alabanzas y talentos en diferentes iglesias. Mientras, mi madre igualmente sacrificada atendía el nuevo negocio, y a mi hermanita menor en su estado crítico de enfermedad. El corazón de ella no funcionaba bien. En lugar de bombear la sangre por las arterias, salía por un hueco gigantesco para todo el cuerpo. Esta disfunción no le permitía a mi hermana ni caminar, ni hablar.

> SI NOS AFERRAMOS A LO QUE CONOCEMOS Y NO EXPLORAMOS NUEVAS OPORTUNIDADES, NOS LIMITAMOS A NOSOTROS MISMOS Y A NUESTRO POTENCIAL.

Vi a mis padres trabajar muy duro. Se esforzaron mucho por la obra del Señor y por todas nosotras, "sus cinco hermosas hijas" (como decía mamita). Pero también vi la mano de Dios haciendo cambios, milagros y dándonos luz. Durante todos esos años, mis padres estuvieron demasiado ocupados trabajando y cuidando de mi hermana menor. Era impresionante cómo sin darme cuenta, mis padres me enseñaron desde muy temprana edad a no detenerme. Me enseñaron que todo es posible y todo lo podemos lograr en Cristo Jesús. Con ellos aprendí que siempre hay más espacio para crecer que para detenerte.

> "Todo lo que te viniere a la mano para hacer, hazlo según tus fuerzas; porque en el Seol, adonde vas, no hay obra, ni trabajo, ni ciencia, ni sabiduría".
>
> ECLESIASTÉS 9:10

Este pasaje de la Biblia nos recuerda que crecer y cambiar es una bendición, y también la temporalidad de la vida y la importancia de aprovechar y hacer lo que podamos mientras tengamos suspiro.

YO TUVE QUE CAMBIAR

Mientras mis padres recorrían todos los caminos que Dios mismo les mostraba que debían transitar, a mí no me quedaban muchas opciones. Yo no cantaba como mis hermanas ni era suficientemente grande para trabajar en la floristería. Tampoco mi padre podía llevarme a las salidas a iglesias, ni me podía quedar sola en la casa. Todo esto, junto al inicio de mi primer grado, fue el comienzo de una nueva etapa de mi vida: comencé a ir de casa en casa de mis tíos, viviendo con ellos.

Desde los seis hasta los nueve años, yo viajaba a la escuela en un bus con mis primos. Lo particular era que cada semana el chofer me recogía por una casa distinta. ¡Qué confusión! Yo vivía casi siempre perdida. No sabía dónde me acostaba y dónde amanecía. Ese tiempo fue muy difícil, debido a que yo era muy pequeña.

> CRECER Y CAMBIAR ES UNA BENDICIÓN.

Debo aclarar que tengo los mejores padres del mundo y que no me quejo de ellos, nunca lo he hecho. Vivo feliz con los padres que Dios me dio, para mí son los mejores. La experiencia del cambio de casas en mi niñez me enseñó muchas cosas importantes, entre ellas que cambiar es parte del proceso de caminar y avanzar. Estoy agradecida de lo que mis padres me enseñaron y que lo primero para ellos, aun en tiempos adversos, fue siempre servir a Dios con todo lo que son, con sus hijas, con sus diezmos y ofrendas. Incluso adorar en los tiempos de la enfermedad de cáncer que atravesó mi madre. Ellos me enseñaron que se sirve a Dios siempre, y que Él siempre ilumina el camino más oscuro. Que se puede avanzar en todo tiempo. ¡Aleluya!

> "Bendeciré a Jehová en todo tiempo;
> Su alabanza estará de continuo en mi boca".
> SALMOS 34:1

Mi hermanita menor vivió tan solo tres años (los mismos que yo pasé viviendo en diferentes casas de tíos). Falleció tras una operación en donde los médicos intentaron cerrar ese hueco gigantesco que tenía en su corazón. En el momento de la partida de mi hermanita, yo tenía nueve años pero recuerdo con claridad hasta el día de hoy, el primer servicio al cual asistí luego de su fallecimiento. Era un servicio de esos que mis hermanas frecuentaban en diferentes iglesias. Yo fui con mis padres y mis hermanas a este servicio misionero en una iglesia frente a la plaza de recreo en el pueblo de Caguas en Puerto Rico. Allí habían invitado a un misionero de España para predicar la palabra de Dios. Su mensaje me impactó grandemente. Durante toda su prédica yo, con mis nueve años, me quedé mirándolo fijo casi sin parpadear. Por primera vez un sermón me llamaba la atención lo suficiente como para no quedarme dormida.

Al finalizar su predicación, el misionero saludó a algunos pastores presentes y luego comenzó a caminar hacia el final del salón donde nos encontrábamos sentados con mi familia.

En aquella época, cuando una iglesia recibía la visita de un misionero, se acostumbraba que, al finalizar la reunión, el pastor local le entregara una ofrenda (en general dentro de un sobre pequeño, usualmente de color amarillo).

El misionero continuó avanzando a paso firme hacia donde estábamos nosotros, y cuando estuvo lo suficientemente cerca pude ver que traía en su mano un sobre amarillo. El sobre parecía una barriguita de lo lleno que estaba. Él se paró frente a nosotros y sin antes saludarnos, directamente preguntó: *"¿Quién de ustedes es Migdalia?"*. Toda la familia se quedó perpleja. Yo pensaba: *"¿Qué quiere este hombre con nosotros? ¿Qué es lo que va a hacer?"*. Ante nuestro silencio y asombro, él preguntó por segunda vez: *"¿Quién de las hermanas es Migdalia?"*. Toda mi familia señalándome contestó a una voz: *"Es ella"*. El misionero entonces se acercó hacia mí, la menor, la más pequeña. Flexionó sus rodillas e inclinó su cuerpo para alcanzar el nivel de mi mirada; extendió la mano con el famoso sobre amarillo con la ofrenda y me dijo: *"Mientras estaba predicando, el Señor me habló y me dijo que te entregara a ti la ofrenda que me han dado hoy, para que sepas y entiendas que Dios te necesita y que Él te va a dirigir y te va a suplir todo lo que te haga falta"*.

¿Puedes imaginarlo? ¡Qué fuerte sensación yo estaba sintiendo en ese momento! A los nueve años no entendía muy bien. Estaba segura de que había sido Dios, pero ¿qué se suponía que debía hacer?

Luego de ese episodio estuve callada por días y hubo varias noches en que no pude dormir bien, pensando en aquello que había sucedido. Yo sabía que había algo que debía hacer. Pensaba: *"Ya estuve sola durante tanto tiempo y ¿ahora qué está pasando?"*. No deseaba enfrentar más experiencias difíciles. Había pasado bastante tiempo viviendo en las distintas casas de mis tíos, quienes siempre me atendieron bien, pero no era fácil no estar en mi casa. ¿Y qué más podría pasar?

Fue en ese momento de la vida, con mis nueve años, que comprendí que no era necesario traumatizarme pensando mal de mis padres. Entendí también que nunca estamos solos y que no hay cabida para traumas que nos detengan. Venía un nuevo tiempo para mí y Dios ya me estaba dando instrucciones desde tan temprana edad. Era como escucharlo decir: "Estoy cambiando muchas cosas, pero quiero que sepas que estaré contigo". Vino de repente una paz y confianza para saber que Dios no me dejaría, que no iba a estar más sola y perdida en el proceso de cambio.

Igual que a mí, Dios te dará dirección e iluminará tu camino para que veas por dónde caminar. Dios ha preparado un camino hermoso para ti y Él mismo te lo está mostrando con su luz.

ENTENDÍ TAMBIÉN QUE NUNCA ESTAMOS SOLOS Y QUE NO HAY CABIDA PARA TRAUMAS QUE NOS DETENGAN.

Es muy difícil estar en un tiempo nuevo viviendo en las condiciones del pasado. Poco después de casarme con Nelson, me di cuenta de lo herido que estaba él por el abandono de su padre cuando ni siquiera tenía un año. Con la seguridad de su amor por mí y mi amor por él, yo intentaba ayudarlo a ubicarse en este nuevo tiempo. Hacía todo lo posible por explicarle que ahora estábamos los dos juntos, que nos íbamos a acompañar siempre y que estábamos en un momento nuevo.

Recuerdo haberle dicho varias veces a mi esposo: *"Nelson, ahora estamos casados, vamos a estar bien. Alégrate de tener una esposa que te ama. Yo no te voy a abandonar. Disfruta el ahora. Después de haber sufrido tantos años, estás en un nuevo tiempo".* Lo que yo intentaba decirle era la importancia de adaptarse al cambio; que estaba en un lugar nuevo, un lugar feliz a mi lado; que comenzara a caminar con felicidad; reconociendo que todo había cambiado. Le sugería no pensar más en el pasado, pues abrazar lo nuevo, un matrimonio saludable, requiere dejar atrás lo viejo, como el doloroso abandono de su padre.

Lo mismo deseo decirte hoy: no te acomodes a experiencias pasadas. No lo conviertas en lo normal, no te detengas en experiencias antiguas o actuales, por más buenas o malas que sean. Es evidente que muchas cosas han cambiado rápidamente, y debemos tener nuestra vista iluminada para poder percibirlas con claridad. Quiero que veas con la misma claridad lo que Dios ve en todos nosotros. ¡Estamos en un nuevo tiempo! ¿Cómo adoras? ¿Por qué vas a la iglesia? ¿La iglesia es una opción donde no es necesario ir cuando te sientes cansado? ¿Qué debes cambiar para crecer?

El mundo ha entrado en una etapa nueva, donde el fuego de Dios es derramado para iluminar tu camino y darte dirección en medio del caos.

> "Y se le apareció el Ángel de Jehová en una llama de fuego en medio de una zarza; y él miró, y vio que la zarza ardía en fuego, y la zarza no se consumía. Entonces Moisés dijo: Iré yo ahora y veré esta grande visión, por qué causa la zarza no se quema".
>
> ÉXODO 3:2-3

Te voy a dar la respuesta que aprendí a la pregunta de por qué razón la zarza ardiente no se consumía. La zarza no se quemaba porque lo que es de Dios no se consume, no es eliminado por nada ni nadie. Lo que es de Dios es purificado para ser usado por Él. A través de la zarza ardiente que no se quemaba, Dios le estaba demostrando a Moisés que andaría con el poder del Señor y que nada le haría daño. Que iba a ser purificado en un proceso que lo llevaría con su luz a una tierra donde fluía leche y miel.

EL FUEGO DE DIOS ES DERRAMADO
PARA ILUMINAR TU CAMINO.

Del mismo modo sucederá con los que veamos la luz de su fuego en estos tiempos y los venideros. Tiempos que serán cada día más difíciles, pero nunca podrán detener nuestro paso. Veremos su fuego arder protegiendo su Iglesia y llevándola a algo mayor. No seremos avergonzados porque tendremos luz en nuestro caminar y creceremos a pasos agigantados.

RECIBE INSTRUCCIONES Y OBEDECE

El proceso de recibir instrucciones de Dios y obedecerlas no siempre es fácil. Por lo general, conlleva nuevos desafíos que hay que enfrentar y superar. En el 2004, vivíamos (mis hijos, mi esposo y yo) en la ciudad de Miami, y durante uno de nuestros devocionales diarios de oración, yo recibí instrucciones del Señor para escribir un plan de trabajo para una iglesia. En ese tiempo no éramos pastores. Obedeciendo comencé a escribir el plan, sin saber que mi esposo y yo ya estábamos en un nuevo lugar (hablando espiritualmente) en donde recibíamos instrucciones claras. Yo había escrito planes para diferentes conciertos, producciones musicales, incluso de negocios. Pero ¿cuándo había escrito planes para una iglesia? Nunca. Esta era la primera vez. Ya Dios veía nuestro futuro pastoreando una iglesia en la ciudad de Atlanta, en Georgia.

> RECIBIR INSTRUCCIONES DE DIOS Y OBEDECERLAS NO SIEMPRE ES FÁCIL.

Ninguno de los dos veíamos el futuro que el Señor ya veía. Primero, porque yo nunca había visitado Atlanta, y segundo, porque ninguno de los dos nos imaginábamos ejerciendo el pastorado, aunque ambos teníamos el deseo de ayudar a muchos a crecer y vivir para Dios. Pero lo que sí siempre hemos tenido, y seguimos teniendo, es plena confianza en el Señor, no hay duda, y lo que Él nos pide lo hacemos sin pensarlo porque es para nuestro Padre. Tenemos la certeza de que Él sabe lo que nosotros no sabemos. Estamos seguros de que, al contar con Él, nos mostrará lo que sea necesario.

Eso también le sucedió a Moisés frente a la zarza, recibió instrucciones claras de los cambios que debía comenzar a hacer.

> "Viendo Jehová que él iba a ver, lo llamó Dios de en medio de la zarza, y dijo: ¡Moisés, Moisés! Y él respondió: Heme aquí. Y dijo: No te acerques; quita tu calzado de tus pies, porque el lugar en que tú estás, tierra santa es".
>
> ÉXODO 3:4-5

¿Lo ves? Ya Moisés estaba en un nuevo tiempo, una nueva posición, un lugar puro, lleno de la presencia de Dios y debía hacer los cambios desde ese mismo momento. Debía actuar diferente a como actuaba antes; no había excusa alguna para no hacerlo. No era la tierra prometida pero ya se había marcado un nuevo tiempo para él y para Israel. Moisés debía obedecer.

Cuando ya estás en un lugar divino, debes actuar y hacer cosas totalmente diferentes a las comunes. Por eso Jehová le dijo a Moisés: "Quita las sandalias de tus pies porque el lugar que pisas santo es". Le estaba diciendo que hiciera un cambio de calzado, porque en el lugar espiritual donde lo estaba poniendo no se podía caminar con sandalias hechas por hombres. Era un lugar puro, santo, donde solo lo divino funciona. Con las sandalias podía resbalar. En este nuevo lugar yo creo que hasta sus pies estarían siempre limpios.

 CUANDO YA ESTÁS EN UN LUGAR DIVINO DEBES ACTUAR Y HACER COSAS TOTALMENTE DIFERENTES A LAS COMUNES.

Tu caminar en la dirección que Dios te va a indicar será diferente, y tus sandalias no sirven para este nuevo caminar en Dios. Quizás el camino sea difícil de transitar y, por ende, necesitas una pisada más firme que la que proporcionan tus sandalias. Lo que vas a necesitar es caminar con firmeza para que ni siquiera tus tobillos se vean afectados.

Debemos abrazar las instrucciones de los cambios que provienen de parte de Dios, como mis padres obedecían al Señor. Aunque a veces parecía que me quedaba sola, realmente no era así. Tenemos que desacostumbrarnos del andar normal, como Moisés con sus sandalias. Por lo general, lo que Dios pide no es tan fácil, pero cuando obedecemos, Él se hace responsable de nosotros. Cuando le creemos a Dios y le obedecemos, Él lo resuelve todo. Mientras aquel día escribía el plan de trabajo que el Señor me dictaba para la iglesia, yo pensaba que este sería para una congregación ya existente que lo necesitaría. Aconteció "casualmente" que, para el mes de diciembre del 2005, mis hijos, mi esposo y yo viajamos para visitar la ciudad de Atlanta. Allí despedimos ese año, y de regreso a Miami a principios del

2006, Dios comenzó a darnos más instrucciones las cuales eran muy claras y cargadas con fuego que quemaban mi corazón. Sentía que mi vida terminaría si no obedecía el mandato del Señor. Era un fuego que estaba quitando lo que necesitaba quitar, purificándome y proveyéndome las instrucciones a través de una luz que iluminaba el camino que debíamos seguir con fe y confianza.

Dios comenzó a mostrar en visión terrenos muy llanos en Atlanta, tierras muy grandes llenas como de plantas de algodón, y nos decía: *"Los campos están blancos. Deben moverse ya. Los necesito en el estado de Georgia para darles más instrucciones. Vendrá un gran avivamiento para el mundo y Atlanta será un centro de partida de mi voz para el mundo. Necesitarán gigantes. Enviaré gente de todos lados que me obedecerán y se mudarán a Georgia. Obedezcan que yo estaré con ustedes".*

Esto implicaba mucho. Dios nos estaba pidiendo abandonar lo que éramos antes como productores de música y dueños de varios negocios para comenzar a caminar como conquistadores de lugares espirituales. El cambio no fue fácil de asimilar para la familia, pero el fuego de Dios continuaba quemándome e iluminando el camino, hasta llevarnos a donde Él quería. Tomó tiempo, pero Dios se mostraba a cada uno de nosotros para que creyéramos en lo que nos decía. Tuvimos que dejar atrás lo que nos gustaba, lo que conocíamos muy bien. "Quemamos las naves", salimos de unos cuantos negocios y la producción de música que tanto amamos y aún nos apasiona, para mudarnos de un lugar que nos gustaba mucho, a otro donde nadie nos conocía y donde tampoco teníamos familia. Pero es necesario recibir instrucciones, creer y obedecer a Dios para llegar a los lugares del reino.

En la vida, a menudo enfrentamos momentos de transformación profunda donde se nos pide dejar atrás lo conocido y cómodo para embarcarnos en un nuevo camino, especialmente cuando sentimos un llamado más elevado o una pasión profunda. Este cambio puede ser desafiante y requerir grandes sacrificios, como abandonar profesiones establecidas o mudarse a lugares desconocidos. Sin embargo, es crucial tener fe en Dios en medio del proceso, confiar en la dirección divina, y estar dispuestos a "quemar las naves". Al hacerlo, nos abrimos a nuevas posibilidades y crecimiento, aunque inicialmente nos sentimos desorientados o solos. La verdadera transformación y realización a menudo comienzan con un acto de fe y valentía.

Así opera el fuego de Dios, como una llama que ilumina el camino. De hecho, en algún momento mientras el pueblo de Israel caminaba por el desierto, necesitó de una columna de fuego y de humo para poder caminar, necesitó orientación y guía y fue necesaria una teofanía de Dios.

> "Y Jehová iba delante de ellos de día en una columna de nube para guiarlos por el camino, y de noche en una columna de fuego para alumbrarles, a fin de que anduviesen de día y de noche. Nunca se apartó de delante del pueblo la columna de nube de día, ni de noche la columna de fuego".
>
> ÉXODO 13:21-22

El avivamiento que tiene el fuego de Dios trae luz y da instrucciones muy claras, las cuales debemos obedecer. Aunque parezca que el mundo anda en oscuridad, nosotros tenemos luz e instrucciones detalladas y no nos detendremos, al contrario, caminaremos sin pernernos, avanzaremos a nuestra meta, mostrando la victoria que tenemos en Dios. ¿Qué nos estará pidiendo Dios para este tiempo? ¿Qué de lo que estamos acostumbrados a hacer debe cambiar? ¿Qué cosa nueva tendremos que enfrentar llenos de confianza? Al que obedece a Dios nunca le falta luz, nunca le falta instrucción, nunca le falta revelación. Recuerda que el fuego de Dios tiene objetivos claros, por eso necesita darnos las instrucciones a seguir y nosotros debemos obedecer a sus reglas, no las nuestras. No, no es fácil, siempre hay una lucha entre lo que queremos y lo que Él quiere, pero morir al yo y obedecer sus mandatos siempre es más seguro y trae victoria. Recibir su instrucción y obedecerla nos da la seguridad de estar bien, estar siempre en luz y bien cubiertos en todo lo que necesitemos.

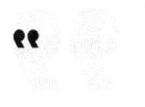 AL QUE OBEDECE A DIOS NUNCA LE FALTA LUZ, NUNCA LE FALTA INSTRUCCIÓN, NUNCA LE FALTA REVELACIÓN.

CAMINAR COMO LO QUE SOMOS

Una bloguera famosa en una ocasión dijo: "Si tú deseas presentarte en las redes sociales como un buen fotógrafo y estás comenzando, tienes que actuar y presentarte como si fueras el mejor fotógrafo, actuar desde el inicio de la carrera como lo que deseas ser". Ella estaba expresando que no debes esperar a ser el mejor fotógrafo para considerarte uno. Quería decir que si deseas ser alguien, debes comenzar a *ser* desde el mismo momento en que surge el deseo. Aunque el proceso te hará crecer y aprender, no puedes aprender sin dar el primer paso.

"Porque somos hechura de Dios, creados en Cristo Jesús para buenas obras, las cuales Dios dispuso de antemano a fin de que las pongamos en práctica".

EFESIOS 2:10, NVI

Caminar en los propósitos y planes de Dios suena simple, pero es un fenómeno espiritual que muchos no logran comprender. Debes caminar como lo que eres, como hijo del Rey, como heredero, como quien tiene sanidad, salvación, provisión, protección, autoridad, libertad y muchas cosas más. Debes caminar sin dudar, con fe, con gozo, con esperanza de que todo está bajo la mano del Todopoderoso. No es tiempo de dudar, es tiempo de actuar. Camina con tu frente en alto, sin pena ni tristeza; pero camina ya, no te detengas porque hay un buen camino que recorrer para llegar a lo que Dios tiene preparado para todo el que cree.

> "Pero el Señor siguió diciendo:
> —Ciertamente **he visto** (énfasis agregado) la opresión que sufre mi pueblo en Egipto. Los he escuchado quejarse de sus capataces, y conozco bien sus penurias. Así que **he descendido** (énfasis agregado) para librarlos del poder de los egipcios y sacarlos de ese país, para llevarlos a una tierra buena y espaciosa, tierra donde abundan la leche y la miel. Me refiero al país de los cananeos, hititas, amorreos, ferezeos, heveos y jebuseos. Han llegado a mis oídos los gritos desesperados de los israelitas, y he visto también cómo los oprimen los egipcios. Así que **disponte a partir** (énfasis agregado). Voy a enviarte al faraón para que saques de Egipto a los israelitas, que son mi pueblo".
>
> ÉXODO 3:7-10, NVI

El Señor le dijo a Moisés: *"Disponte a partir"*. Permíteme parafrasear la orden de Dios de la siguiente manera: "Ya, en este instante, estás en un nuevo tiempo. Olvídate de lo que viviste antes; te estoy sacando de tus experiencias anteriores de abandonado, adoptado, hermano de sangre, esposo y padre de familia, pastor de ovejas; ya te estoy dando instrucciones de un líder que va a sacar a Israel de Egipto y necesito que vuelvas a Egipto en este mismo momento; pero no debes ir como eras antes, no vas con el mismo calzado, y todos lo verán. Ahora tienes que caminar como conquistador, aunque te falte para la conquista; los conquistadores no se detienen ni huyen, ellos caminan con paso firme y con seguridad". Por eso también Dios le dijo: "Quita las sandalias de tus pies porque el lugar que pisas es santo". Moisés volvería al país de Egipto, pero él ya estaba (espiritualmente hablando) en un lugar muy distinto a Egipto "todavía con sandalias".

Tus sandalias te ayudan a caminar en lo natural, pero desde el momento que Dios te llama, debes quitarte las sandalias y cambiarlas por el nuevo calzado que te permite caminar en lo sobrenatural.

Hubo una experiencia de avivamiento que se volvió viral en las redes sociales y que captó la atención mundial a partir de febrero de 2023. Todo comenzó cuando un grupo de jóvenes de la Universidad Asbury en Kentucky asistió a su servicio habitual de los miércoles, y allí se desencadenó un evento sin precedentes. Ese día en particular, el poder de Dios se derramó, y el servicio no terminó como de costumbre; en cambio, se extendió por muchos días consecutivos. Lo destacado de esta experiencia es que estos jóvenes se encontraron con algo inusual y completamente nuevo. Incluso aquellos que no eran cantantes, se vieron motivados a entonar cánticos de adoración. Los que nunca habían reprendido, se vieron en la necesidad de hacerlo, e incluso aquellos que no tenían un bosquejo preparado para predicar, asumieron la tarea de hablar de Dios. Allí todos hacían algo para mantener aquella llama ardiendo, llegando incluso a organizar un calendario para quienes se encargarían de llevar comida. Ellos creyeron y tuvieron una experiencia completamente nueva y lo hicieron sin temor asumiendo posturas nuevas que quizás algunos no conocían, pero tenían la certeza de que Dios iluminaría el camino.

Moisés necesitaba abrazar su posición como el elegido de Dios para guiar al pueblo de Israel, siguiendo sus instrucciones divinas. Era crucial que actuara de inmediato, que dejara atrás su viejo calzado y se pusiera uno nuevo, adoptando una mentalidad de conquistador. Debía hacer algo ¡y hacerlo ya! Cuando Dios le dice "disponte a partir", le estaba indicando la urgencia del momento, el presente que debía abordar sin demora. Aunque aún tenía que regresar a Egipto para liberar a su pueblo, debía hacerlo sin llevar consigo el calzado antiguo. En Egipto, debía presentarse con una nueva actitud, sin temor, como una persona transformada por la posición que Dios le había otorgado: "Conquistador". Guiado por el más grande Líder, Moisés marcharía como tal. Su encuentro sobrenatural con Dios reafirmó su necesidad del fuego divino para lograr la victoria. Dependería del poder de Dios para regresar a Egipto y recorrer el desierto, y salió de ese encuentro más fortalecido de lo que era antes. Caminó con confianza y firmeza, impulsado por el fuego divino que había experimentado.

> DEBES QUITARTE LAS SANDALIAS Y CAMBIARLAS POR EL NUEVO CALZADO QUE TE PERMITE CAMINAR EN LO SOBRENATURAL.

Para que te llamen un buen agricultor, tienes que haber sembrado y cosechado y así mostrar los frutos de tu trabajo. Para ser el mejor fotógrafo, tienes que haber hecho varios trabajos de fotografía en donde se vea la calidad de las fotos que tomas. Pero para ser un conquistador de lugares divinos solo necesitas estar en el fuego de Dios. Todo lo que es de Dios será manifestado en ti y caminarás como una persona dirigida por Dios y todos lo verán. Necesitas caminar desde hoy como lo que eres en Dios, manifestando su fuego, caminando sin dudar, porque tienes la luz divina que te guía.

NECESITAMOS EL FUEGO DE DIOS

¿Por qué pocas veces podemos ver con claridad? Porque hay oscuridad. Cristo es la luz que ilumina nuestro sendero. "Jehová es Dios, y nos ha dado luz" (Salmos 118:27). Jesús les habló, diciendo: "Yo soy la luz del mundo; el que me sigue, no andará en tinieblas, sino que tendrá la luz de la vida" (Juan 8:12).

Vendrán tiempos en los que el mundo necesitará ver quiénes somos realmente, que no tenemos duda de nuestra identidad, ni siquiera de hacia dónde vamos. Muchos querrán confundirte con cuestionamientos y hasta señalarte con tal de detenerte, pero no podrán detener lo que el Señor hará. Necesitamos el fuego de Dios para el camino radiante y maravilloso que estamos recorriendo. Dios nos dará, a todos, instrucciones con la dirección clara y correcta, y su fuego nos guiará con poder.

RECUERDA

- Cuando eres purificado, el fuego divino invade y quema; consume y elimina lo natural. Elimina el miedo, la ansiedad, la inseguridad, los malos pensamientos, el pecado, la enfermedad, la necesidad de cualquier cosa. Ahora tienes luz, tienes dirección, y tienes una nueva posición. No tienes dudas y caminas confiado y seguro porque eres un conquistador.

- Este fuego, el de Dios, te hará bien y no te hará daño. Lo que has vivido y lo que estás viviendo hoy siempre alumbrará tu camino.

REFLEXIONA

- ¿Puedes identificar áreas de miedo, ansiedad, inseguridad, malos pensamientos, etc., que deban ser iluminadas por Dios?

- ¿Hay algo que te impida caminar confiado hacia tu propósito como un verdadero conquistador?

MIS NOTAS

....

....

....

CAPÍTULO 5 |

EL FUEGO DE DIOS AHUYENTA ENEMIGOS

TOMAR TU CRUZ Y SEGUIR A JESÚS SIGNIFICA RENUNCIAR A TI MISMO PARA ABRAZAR SU PROPÓSITO ETERNO.

CAPÍTULO 5 |

"Entonces Pedro, tomándolo aparte, comenzó a reconvenirle, diciendo: Señor, ten compasión de ti; en ninguna manera esto te acontezca. Pero él, volviéndose, dijo a Pedro: ¡Quítate de delante de mí, Satanás!; me eres tropiezo, porque no pones la mira en las cosas de Dios, sino en las de los hombres. Entonces Jesús dijo a sus discípulos: Si alguno quiere venir en pos de mí, niéguese a sí mismo, y tome su cruz, y sígame".

MATEO 16:22-24

NO TE AFANES POR TU ADVERSARIO

Es posible experimentar la sensación de ser perseguido o molestado por algo que parece querer causar daño. ¿Te pasó alguna vez? Quiero aclararte que no escribí este libro para asustarte con respecto al enemigo, pero es importante explicarte varias cosas sobre este tema. Otro propósito del fuego de Dios es precisamente ahuyentar al enemigo.

El tema principal del libro no es el enemigo, es "el fuego de Dios"; en otras palabras, el fuego del Espíritu Santo de Dios. Sin embargo, en este capítulo, voy a presentarte herramientas, soluciones que están a tu alcance, sabiendo que el enemigo ya está derrotado. No importa dónde tú estés o cómo lo estés pasando; cómo estés viviendo. Puedes tener la seguridad de que hay Alguien que está contigo. Aunque el enemigo desee hacerte daño, el Espíritu Santo que está contigo es el que ahuyenta al enemigo.

Pero es importante que conozcamos la intención de nuestro enemigo. "El ladrón no viene sino para hurtar y matar y destruir; yo he venido para que tengan vida, y para que la tengan en abundancia" (Juan 10:10). Pero ¿cómo es posible que algunas veces no podamos distinguir entre la intención del enemigo y la de Dios, si la Biblia lo explica claramente?

No todo lo que nos sucede y categorizamos como malo, es provocado por Satanás. Mucho de esto lo provocamos nosotros mismos. Debemos conocer la intención de nuestro adversario. No debemos obsesionarnos por él, pero sí conocer lo que intenta hacer. Es como cuando nos alimentamos; debemos saber cómo funciona nuestro cuerpo al comer, porque no todo nos hace bien o le brinda nutrientes al cuerpo. El enemigo desea robarnos el gozo, la paz y también quiere apagar el fuego de Dios en nosotros y lograr que nos enfriemos. Yo espero que esto no te ocurra, porque no debemos ser presa fácil para ser manipulados por el enemigo, como si fuéramos marionetas; para que finalmente él logre dividirnos, desorientarnos y vaciarnos con mentiras y falsas justificaciones.

Nunca te preocupes por lo que pueda hacerte daño; quien está en ti es más poderoso que el que está en contra de ti (1 Juan 4:4). Vivir preocupados por lo que pueda pasarnos es señal de no conocer bien a Jesús, quien ha vencido y nos cuida de todo lo que intenta hacernos mal.

LO QUE ESTÁ DENTRO DE TI SE TIENE QUE VER MANIFESTADO

La experiencia que vivimos con mis hermanas en el hotel *Caribe Hilton* en San Juan, Puerto Rico, en el año 1987, fue una de esas historias en las que uno se pregunta: ¿Y cómo hicieron?

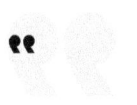

> VIVIR PREOCUPADOS POR LO QUE PUEDA PASARNOS ES SEÑAL DE NO CONOCER BIEN A JESÚS.

Allí estábamos todas juntas, las hermanas, cantando en un concierto gratuito que habíamos organizado con el propósito de compartir lo que habíamos recibido por gracia. Honestamente, no esperábamos que tantas personas asistieran. Muchas personas no pudieron entrar y tuvieron que regresar a sus casas porque el lugar estaba completamente lleno. El caos en el tráfico causado por los autos de quienes se acercaron fue tan grande que la policía local tuvo que intervenir para ayudar a organizar los vehículos que habían paralizado la ciudad.

Debido a la gran cantidad de personas que asistieron esa noche, tuvimos que sacar todas las sillas de aquel auditorio para que el público pudiera entrar en el lugar y permanecer de pie para el concierto. El aire acondicionado del edificio no era suficiente para mantener la temperatura más agradable debido al calor humano propio de tal multitud de personas. ¿Te puedes imaginar la temperatura que hacía? Hasta el día de hoy no sé cómo ese hotel permitió hacer lo que hicimos aquella noche, ¡pero Dios sí lo permitió!

Comenzamos a cantar y el poder de Dios se manifestó de igual manera que lo había hecho en otras campañas. Había en aquel lugar una gloria hermosa que me recordaba la experiencia del día de Pentecostés donde todos estaban unánimes orando (Hechos 1:14). Mucha gente se expresaba con gritos al Dios de gloria; otros lloraban de la llenura que sentían; y otros se regocijaban en el espíritu, danzando y cantando.

Pero había también en la audiencia una persona con intensiones distintas a las del resto. Una joven que trató de intervenir de manera negativa en aquella experiencia esplendorosa.

Todo el público participaba de pie sin poder moverse de su lugar, porque prácticamente no quedaba espacio entre las personas. Pero desde la última fila de personas en la parte trasera, esta joven comenzó a caminar hacia el frente con mucho esfuerzo. No sé cómo lograba avanzar entre tanta gente. Ella empujaba a las personas hacia los lados con una fuerza que una mujer normal no tiene. Lentamente, ella avanzaba hacia el frente con su mirada desafiante clavada en nosotros. El enemigo nos quería avergonzar a través de esta joven. Desde el escenario, podíamos ver todo lo que sucedía. Las personas que estaban cerca de ella la veían muy extraña y no entendían qué buscaba o intentaba hacer. Estaban confundidas. Mientras cantábamos, nos miramos entre nosotras, las hermanas, y comprendimos que estábamos llenas de paz. Lo que estaba en nosotras era más grande que lo que intentaba atacarnos. Cerramos nuestros ojos y seguimos cantando. Cuando volvimos a abrirlos, allí estaba ella a punto de subir la escalera de apenas tres escalones que accedía al escenario. Justo en el momento en que la joven puso su pie en el primer escalón para llegar a su meta final, una fuerza invisible pero muy notable la tiró al suelo. ¡Su cara se transformó! Su rostro manifestaba enojo y frustración. Sus facciones demostraban claramente que ella estaba endemoniada. Los dedos de sus manos estaban totalmente contraídos, totalmente torcidos. Ella comenzó a acercarse para intentar detenernos o distraernos. Quería avergonzarnos frente al público. Sin embargo, el haber experimentado en ocasiones anteriores a un Dios que se manifiesta con su fuego, nos daba la plena certeza, tanto a mis hermanas como a mí, de saber que Él siempre triunfa. Sabíamos que también sería así en esta ocasión.

Sin lograr reponerse de su primer golpe, la joven intentó por segunda vez subir al escenario, pero volvió a caer al piso. ¡Qué insistencia la de ella! Por tercera vez lo intentó, pero no lo logró. La vergüenza no fue nuestra porque sabíamos que el enemigo fue derrotado, destronado y desarmado en la cruz y fue exhibido, avergonzado públicamente (Colosenses 2:15). La presencia poderosa de Dios que había en aquel lugar era mucho más fuerte que lo que había dentro de ella. El fuego de Dios que se estaba manifestando en ese concierto, mientras muchos danzaban y gritaban glorificando al Señor, era más fuerte que el débil poder del enemigo manifestado en aquella joven.

Allí quedó tirada y sin fuerzas frente a nosotras, junto al tercer escalón. Se retorcía, gritaba, sacaba espuma por su boca. Un poder muy fuerte mantuvo a esta joven en el piso. Se sentía como un peso sobre ella que no la dejó moverse hasta que terminamos de cantar.

Cuando el fuego de Dios desciende, lo que habita en cada uno de nosotros se manifiesta. En nuestro caso, fue la adoración al Señor llena de fuego, y la seguridad de que Dios ahuyenta a los enemigos. En el caso de la joven, aquel espíritu que la poseía salió huyendo. Lo que trató de avergonzarnos fue ahuyentado y removido, y la paz de Dios que estaba en nosotras y en el pueblo también vino sobre ella cuando fue liberada. Por eso debemos estar seguros de que vivimos por el fuego. Nosotras pudimos lograr el objetivo de aquel concierto: poner el nombre de Dios en alto y experimentar milagros gloriosos al manifestar lo que llevamos dentro: el fuego de Dios y su Santo Espíritu.

NO ES COMPETENCIA, NO ES LA LEY DEL MÁS FUERTE

El salmista David explica con claridad, casi como si narrara una novela, la complejidad de la situación con el enemigo. Algunos de sus Salmos pueden percibirse como algo pesimistas para ciertos lectores, pero subrayan la importancia de comprender las artimañas del enemigo. Hay algo importante: necesitas conocer a tu adversario. Es fundamental comprender quién es y cuáles son sus intenciones. Cuando digo que debes conocerlo, no es para tenerle miedo, sino para que vivas con la confianza de que está vencido. Lo que él intenta no tiene parte en un hijo de Dios lleno de su poder y fuego.

CUANDO EL FUEGO DE DIOS DESCIENDE, LO QUE HABITA EN CADA UNO DE NOSOTROS SE MANIFIESTA..

Examinemos juntos los Salmos 56 y 97. Si puedes, escríbelos en un papel y ponlos como recordatorio en el espejo de tu baño, en la puerta de tu cuarto, en tu automóvil, en tu lugar de oración, o en cualquier otro lugar que frecuentes, y léelos diariamente. Las experiencias vividas por David nos ofrecen una comprensión profunda sobre quién es nuestro adversario y cómo es que huye de nosotros y nos deja en paz.

"Ten piedad de mí, oh Dios,
pues hay gente que me persigue.
Todo el día me atacan mis opresores,
todo el día me persiguen mis enemigos;
son muchos los arrogantes que me atacan.
Cuando siento miedo, pongo en ti mi confianza.
Confío en Dios y alabo su palabra;
confío en Dios y no siento miedo.
¿Qué puede hacerme un simple mortal?
Todo el día tuercen mis palabras;
solo piensan hacerme daño.
Conspiran, se mantienen al acecho.
Vigilan todo lo que hago
a la espera de quitarme la vida.
¡En tu enojo, Dios mío,
humilla a esos pueblos por sus maldades!
¡De ningún modo los dejes escapar!
Toma en cuenta mis lamentos;
registra mi llanto en tu libro.
¿Acaso no lo tienes anotado?
Cuando yo te pida ayuda,
mis enemigos retrocederán.
Una cosa sé: ¡Dios está de mi parte!
Confío en Dios y alabo su palabra;
confío en el Señor y alabo su palabra;
confío en Dios y no siento miedo.
¿Qué puede hacerme un simple mortal?

EL FUEGO DE DIOS AHUYENTA ENEMIGOS

> He hecho promesas delante de ti, oh Dios,
> y te presentaré mis ofrendas de gratitud.
> Tú, oh Dios, me has librado de tropiezos,
> me has librado de la muerte,
> para que siempre, en tu presencia,
> camine en la luz de la vida".
>
> SALMOS 56:1-13, NVI

David también experimentó persecución; observa cómo describe a sus enemigos como opresores, adversarios y arrogantes. ¿No es esto suficiente como para que te sientas perseguido o atacado? En este Salmo, él detalla cómo estos enemigos buscan cambiar incluso nuestras palabras con la intención de hacernos daño.

¿Qué hacían los enemigos de David? Él lo describió claro diciendo: "...tuercen mis palabras, solo piensan en hacerme daño. Conspiran, se mantienen al acecho. Vigilan todo lo que hago a la espera de quitarme la vida". ¿No te das cuenta de que, a este tipo de persona, que describe David, no hay nada que pueda saciarla? Son personas insaciables, andan hambrientos del mal, no se cansan, su alimento y su respirar es la maldad, se gozan en ella. Es más, disfrutan verte molesto, pierden el tiempo esperando encontrar un argumento más para atacarte y si no encuentran argumentos, los inventan. ¿No te parece esto demasiado ridículo e injusto? Si buscamos el significado de la palabra "acecho", encontramos que se refiere a un lugar de espera. En otras palabras, el enemigo trata de hacer daño, maquinar, buscar todas las maneras posibles para hacer el mal. Si no puede lograrlo hoy, se va a un lugar a esperar el momento oportuno para el nuevo ataque, y cuando encuentra el momento vulnerable, regresa. ¿Para qué? Para ver qué sucede, porque espera el momento oportuno para atacar al débil. Lo peor es que muchas veces los adversarios están escondidos vigilando muy de cerca. El enemigo se la pasa maquinando para ver cómo puede hacer daño.

¡Qué fuerte es lo que explica David! Hay quienes disfrutan hablando mal de otros. Inventan, exageran y no solo eso, se mantienen en un lugar, al acecho, hasta encontrar el momento oportuno para volver a atacar. ¿Cómo te defiendes de algo así? ¿Qué haces? ¿Cómo los callas? David describió con exactitud la persecución de sus enemigos, y hasta detalles, a los cuales debemos prestarle mucha atención.

Hay una clave importante que debes conocer para saber cuándo se trata del enemigo. El adversario tiene un problema de arrogancia y de orgullo; es algo que él mismo nunca pudo ni podrá superar y por lo cual fue expulsado del cielo. Él quiere arremeter contra nosotros con todos sus propios problemas que nunca ha podido resolver, tratando de hacer que su presa cargue con sus asuntos. Es como si el adversario intentara entretenerse con aquellos que se enfrentan a él, como si fuera un pasatiempo. Sin embargo, no ha podido ni podrá con aquellos que están llenos del fuego de Dios, porque él fue vencido en la cruz del Calvario. ¡Amén!

No se trata de la ley del más fuerte, como lo muestra un video que se hizo viral hace poco. Se trataba de un avispón intentando matar a un ratón que habían sido puestos, como experimento, en un mismo recipiente. El avispón pica al ratón, lo mata, pero no se lo come. ¿Cuál era la intención del avispón asesino? Su única intención era debilitarlo para luego matarlo, con cada piquete. Eso es todo. Así es Satanás, como ese avispón. Quiere intimidarte; infundir miedo para poder matarte y saciarse contigo. Como el avispón, él va a utilizar su veneno como un arma poderosa contra ti. Recuerda, la intención del enemigo es la misma: detenerte y acabar contigo. Pero también recuerda, que mientras te mantengas fuerte, caminando con seguridad en el fuego de Dios, no habrá manera que pueda hacerte mal.

No se trata de quién es más fuerte o quién tiene más veneno para ganar, porque para los que están llenos del fuego de Dios no hay cabida para una comparación de fuerzas. Sencillamente tú eres vencedor y no hay adversario que pueda contigo. ¡Eso es todo y punto! Cuando estás encendido en el fuego de Dios, comprendes la batalla que ya ganó Jesucristo y vives la victoria que obtuvo por nosotros. No temerás a lo que venga y nada te hará daño. No veas a Dios solamente como alguien fuerte, aunque es el más fuerte. Conócelo como el "único" poder, como "la única" fortaleza, como "el único" invencible. No hay nadie más. Sírvele porque Él ya lo ganó todo, porque su victoria nos pertenece y estamos protegidos del maligno.

¿CUÁNTO DAÑO PUEDE HACER UN DARDO?

El enemigo es como un dardo. Un dardo puede producir un simple pinchazo, una sensación de dolor. La parte más finita, más puntiaguda, penetra y ahí se queda. ¿Qué más hace un dardo aparte de quedarse en un lugar donde se clavó? ¡Nada, no hace más nada!

> CUANDO ESTÁS ENCENDIDO EN EL FUEGO DE DIOS, COMPRENDES LA BATALLA QUE YA GANÓ JESUCRISTO Y VIVES LA VICTORIA QUE OBTUVO POR NOSOTROS.

Hace un tiempo atrás un joven, mi esposo y yo fuimos al terreno que habíamos comprado para la iglesia. Estaba completamente cubierto de árboles y arbustos, ya que por años nadie lo había cuidado. Con mucha dificultad intentábamos ingresar y recorrer el terreno. Luego de mucho trabajo removiendo ramas y hasta telas de arañas, encontramos un lugar más o menos despejado donde podíamos tomar un descanso. Allí nos detuvimos a conversar y pensar en la meta y visión que Dios nos había dado para la nueva casa de la iglesia, para hacerle casa a Jehová.

Al cabo de unos minutos de conversación, yo comencé a sentir fuertes picaduras. No suelo exagerar, pero estas picaduras eran intensas, muy intensas. Intenté mantener la calma para no dejar que la ansiedad tomara control sobre mí. Le dije a mi esposo: *"Fíjate bien qué tengo en mi espalda"*.

Él, con sus dientes apretados y tratando de no hacer ruido ni asustarme, me dijo: *"No te muevas"*. Yo tenía encima como una docena de avispas *Yellowjacket* (una variedad de avispas denominadas "chaquetas amarillas", que pueden atacar si se sienten molestadas). Ocho de ellas lograron picarme. ¡Qué dolor! El joven que estaba con nosotros conocía estas avispas y su comportamiento. De inmediato me ofreció su ayuda y me tranquilizó diciendo: *"Nada grave te va a pasar, solo se inflamará un poco la zona picada y quizás algo de dolor, eso es todo"*. Pero yo vi los ojos de asustado de este joven que trataba de tranquilizarme con sus palabras. *"¿Me voy a morir?"*, le pregunté yo. A lo que él me respondió dudando: "No, creo que no te vas a morir".

Enseguida me enfoqué y pensé como hablando con Dios (el mismo Dios que había realizado el milagro de la compra del terreno): "Señor, si Tú nos diste este terreno, seguramente me vas a dar vida para ver este proyecto terminado. Nada ni nadie me hará daño. Tú eres capaz de sanar estas picaduras y quitar todo dardo, todo miedo de mí. En el nombre de Jesús, amén".

Ya un poco más calmada después del sacudón que me dio mi esposo para sacarme todas las avispas de la ropa, salimos del área y continuamos caminando hacia otro sector del terreno. Sentía gozo en mi interior, aunque debo admitir que el dolor de las ocho picaduras de esas avispas *Yellowjacket* era muy intenso. Sin embargo, todo quedó ahí, ya que la alegría de haber comprado el terreno para construirle una casa a Jehová era tan grande que el dolor se volvía menos intenso con cada paso que daba en ese lugar del reino.

Graba en tu mente lo siguiente: Un dardo en tu brazo, en tu corazón, en tu mente, en tu vida, no es una verdad. La verdad es Cristo que vive y reina para siempre. Necesitas arrancar de tu vida ese dardo que lleva clavado cinco, diez, veinte, o treinta años; el mismo tiempo que llevas luchando con aquella experiencia que fue real, pero debes entender que una realidad no necesariamente es una verdad. Hay una gran diferencia entre ambas. La realidad no tiene un impacto absoluto en nosotros, a menos que le dediquemos tiempo a pensar demasiado en ella, otorgándole poder a algo diminuto y sin capacidad para destruirnos. Nosotros vivimos la verdad de un Dios poderoso. ¿Qué realidad has vivido que te ha dejado un dardo en el corazón o en tu mente? ¡Ese dardo, aunque es una realidad no es la verdad, y por consiguiente no tiene el poder de acabar contigo! La estrategia del enemigo es entretenerte y desenfocar tus pensamientos de tus metas y tus sueños. Él lo que hace es tirarte un dardo que llega a su objetivo y ya está, no hace nada más. Si me tiran un dardo y se clava en mi brazo, no logro nada bueno si lo miro con preocupación y digo: "¿Qué pasará conmigo? ¿Saldrá el dardo? ¿Qué me hará? ¿Me voy a morir? ¿No me voy a morir?". En la vida real, un dardo puede ser una enfermedad, la pérdida de un amigo, un divorcio y muchas otras experiencias. Yo estaba en la fase final de la revisión de este libro en el año 2022 cuando detectaron cáncer en mi seno. Pasé por el proceso de cirugía, radiación y tratamiento sin temor alguno. Fue simplemente un dardo del enemigo para que yo no terminara mi primer libro. Él pensaba que podría ganar terreno en mi corazón y mi mente. Sin embargo, no pudo. Aquí estamos con el libro revisado, impreso y en tus manos, ¡para la gloria del Señor! En realidad, cualquier dardo que haya llegado hasta ti no está causando tu muerte espiritual; solo puede distraerte. El peligro radica en tus pensamientos acerca de lo que ese dardo podría ocasionarte, ya que son estos pensamientos los que te pueden debilitar y abrir una puerta al enemigo para que entre y ataque con más fuerza, dejándote solo detenido. Yo suelo decirles a todos cuando llego a la oficina: *"¡Arriba, arriba, ¡arriba!"*. Lo mismo te digo a ti. Anímate y confía, como dice Proverbios 18:14: "El ánimo del hombre soportará su enfermedad; Mas ¿quién soportará al ánimo angustiado?". Vamos, vamos… *"¡Arriba, arriba, arriba!"*, que el fuego de Dios ahuyenta enemigos; ¡no temas porque no te harán daño!

 GRABA EN TU MENTE LO SIGUIENTE: UN DARDO EN TU BRAZO, EN TU CORAZÓN, EN TU MENTE, EN TU VIDA, NO ES UNA VERDAD.

PARA TODO PROBLEMA HAY UNA SOLUCIÓN

La historia de David no termina con la descripción de sus enemigos, sino que también da una solución extraordinaria. David indica cómo vencer al enemigo. Él dice: "Cuando siento miedo, pongo en ti mi confianza. Confío en Dios y alabo su palabra. Confío en Dios y no siento miedo". David finaliza en el versículo cuatro haciendo una pregunta: "¿Qué puede hacerme un simple mortal?". Pregunta que yo sugeriría debemos hacernos todos nosotros cada día de nuestras vidas. No porque tengamos dudas, sino para confirmación. Repítela en voz alta ahora mismo: "¿Qué puede hacerme un simple mortal?". La pregunta de David llevaba consigo la confianza y la afirmación de que el enemigo no nos puede hacer nada.

Aunque estaba ungido para ser rey, a David andaban buscándolo, y no necesariamente su familia... ¡sus enemigos! David fue un hombre escogido; un hombre marcado con el poder de Dios. Sin embargo tenía enemigos. ¿Qué mal había hecho David para ser perseguido? ¿Quién lo defendía?

Aunque estés ungido, los enemigos siempre intentarán molestarte. Puedes estar lleno del poder de Jesús, puedes hablar en lenguas, puedes hacer lo que sea, pero el enemigo va a estar esperando un momento de debilidad para atacarte, aunque sabemos que él ya está vencido.

El pueblo de Israel estuvo oprimido en Egipto aproximadamente cuatrocientos años. Luego en el desierto, el Faraón también los persiguió. Es el pueblo escogido de Dios, todavía hoy en día, quien tiene muchas batallas y guerras. Aunque nosotros tengamos el fuego de Dios, vamos a ser perseguidos. Pero esto no es una nota de derrota, es una nota de victoria, porque el enemigo no persigue al que no tiene ningún propósito; él nunca molesta al que ya está vencido y que piensa que no hay solución. Por el contrario, molesta al que tiene metas claras, al que va por algo mayor. La diferencia entre tener y no tener el fuego de Dios es que cuando estamos llenos de Dios y encendidos en llamas, tenemos la seguridad de que el enemigo no nos va a tocar. El enemigo se levantará como la joven del concierto, lo intentará, pero a ti no logrará tocarte. Dalo por seguro.

> "Caerán a tu lado mil,
> Y diez mil a tu diestra;
> Mas a ti no llegará.
> Ciertamente con tus ojos mirarás
> Y verás la recompensa de los impíos.
> Porque has puesto a Jehová, que es mi esperanza,
> Al Altísimo por tu habitación".
> SALMOS 91:7-9

La intención del enemigo es traer división. Todo lo que venga a tu mente para dividir, no es de Dios, porque el enemigo no une, divide. ¿Cómo? Engañando con mentiras. Haciéndote creer que no podrás, que la solución no llegará. Es muy importante conocer la intención del enemigo para darte cuenta de que él no tiene poder sobre ti. ¡Dios te va a proteger siempre! Pero tienes que ser sabio en lo que vas a pensar y hacer, porque hay alguien que está buscando el momento de tu debilidad.

Tu verdad es que el fuego de Dios ahuyenta a tus enemigos cuando estás en él. Debemos cuidar la manera en que hablamos porque a través de la mentira entra la división y eso viene del mismo enemigo. Él trata de apagar el fuego de Dios en ti para que te enfríes y te separes de Cristo. Eso es todo; el enemigo está buscando debilitarte completamente, ¿para qué? Para manipular todo lo que tú eres. Pero repítelo una y otra vez: "Él no tiene parte conmigo". Recuerda que nosotros vivimos en este mundo, pero no somos de este mundo (Juan 17:16) y si nos llenamos de Dios, somos usados por Él. Ahora de buenas a primeras el adversario trata de utilizarte para sus fines, pero ¡imposible! Lo que está lleno de Dios, nadie lo puede tomar o utilizar para otros fines. Había una gran diferencia entre David y Saúl. La palabra de Dios dice: "El Espíritu de Jehová se apartó de Saúl" (1 Samuel 16:14). Así que el Espíritu de Dios estaba sobre David, pero se apartó de Saúl. Por eso él tenía estas batallas que lo atormentaban y que David venía a calmar con su arpa. La diferencia entre los dos era la llenura de Dios.

> LA DIFERENCIA ENTRE TENER Y NO TENER EL FUEGO DE DIOS ES QUE CUANDO ESTAMOS LLENOS DE DIOS Y ENCENDIDOS EN LLAMAS, TENEMOS LA SEGURIDAD DE QUE EL ENEMIGO NO NOS VA A TOCAR.

Tengo buenas noticias para el que desee crecer, conquistar y llegar a lugares mayores: siempre habrá un enemigo que está vencido, que anda insaciablemente buscando a quién devorar. Hasta en las novelas incluyen a un enemigo. Siempre habrá un enemigo que intente molestar, pero cuando estás ardiendo en fuego, lleno del Espíritu Santo de Dios, los enemigos no pasan de ahí; se quedan "pataleando" llenos de frustración, porque no entienden cómo puedes andar tan alegre, tan feliz y lleno de vida, adorando siempre al Señor.

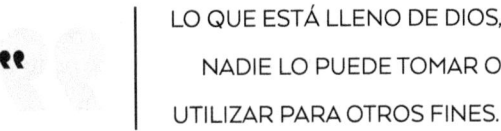

LO QUE ESTÁ LLENO DE DIOS, NADIE LO PUEDE TOMAR O UTILIZAR PARA OTROS FINES.

Sin el fuego de Dios no podremos enfrentar y ganar batallas. Aunque pensemos que tenemos más dificultades que los demás, no es así. No se trata de quién tiene más batallas, ni de quiénes son los más atacados. Todos somos atacados, la diferencia la hace la manifestación del fuego de Dios en nosotros.

Créeme cuando te digo que para cada problema hay una solución. Yo he sido atacada muchas veces, pero hay una cosa que me ha mantenido de pie hasta el día de hoy: buscar siempre el rostro de Dios, llenarme más y más de su presencia. Él no solo me responde sino que ha hecho milagros muy grandes. Lo bueno es que cuando estamos en el fuego del Espíritu de Dios, estamos seguros, vivimos con la certeza de que Él siempre está pendiente de nosotros. Tenemos la seguridad de estar protegidos. Llegamos a la completa libertad. No importa en qué lugar nos estemos moviendo; no importa quiénes nos estén mirando de lejos para burlarse; no importa lo que ellos digan ni hagan; no importa lo que suceda. Cuando estamos en el fuego de Dios, llegamos a la completa libertad de saber que ninguna de esas cosas nos hace daño.

TÚ ERES EL ARTESANO DE TUS PENSAMIENTOS

¿Contra quién realmente luchamos? Yo me imagino al apóstol Pablo pensando: "Yo ya sé contra quién es mi lucha". Pablo tenía una clara visión cuando dijo: "Porque no tenemos lucha contra sangre y carne, sino contra principados, contra potestades, contra los gobernadores de las tinieblas de este siglo, contra huestes espirituales de maldad en las regiones celestes" (Efesios 6:12).

Lo que Pablo explica es que nuestra lucha diaria no es contra cosas de este mundo, no son cuestiones terrenales, ni siquiera es contra la gente de esta tierra. Él nos enseña que la lucha se lleva a cabo a otro nivel. Y ahora preguntarás: ¿Cómo es que mi lucha no es con mi marido que no me entiende? ¿Cómo es que mi lucha no es con mi hijo que no obedece?

La lucha tampoco es contra tus compañeros de trabajo que te miran con recelo. Algunas personas piensan que Dios está en contra de ellos porque no les da lo que le piden, o porque las cosas no les salen como esperan. Pues déjame recomendarte que no te obsesiones con la falsa idea de que las cosas que te suceden son para hacerte daño. Ni tu familia, ni tus amigos, ni el mismo Dios te hace daño. No podemos tomar represalia contra nadie. Ni contra Dios, ni contra otra persona.

Tu lucha siempre está en tu mente. Claro que hay cosas o personas que pueden venir a tratar de hacer daño, pero te lo repito una vez más: si vives lleno del poder de Dios y su fuego, podrás renovar tu mente y moldear tus pensamientos. Por eso no debes enojarte con tu sobrino; no tengas rencor con tu hijo; ni tampoco con los hermanos o los pastores de tu iglesia. Tu lucha no es contra ninguno de ellos. Estos pensamientos son solo un simple dardo tratando de darle órdenes a tu mente. Recuerda que tu lucha es contra principados y potestades; contra los gobernadores de las tinieblas de este siglo, contra huestes espirituales de maldad en las regiones celestes (Efesios 6:12).

> TÚ ERES EL ARTESANO DE TUS PENSAMIENTOS; NADIE MÁS METE LA MANO ALLÍ, SOLO TÚ.

No te confundas viendo los problemas como una situación interminable, como que no acabaran nunca. Una vez que se resuelva una situación, se levantará otra; es como una rueda que no se detiene nunca. ¿No te das cuenta? La lucha la llevas en tu mente. En este mundo siempre habrá quien nos moleste, pero es solo eso, molestarnos. Tú eres el artesano de tus pensamientos; nadie más mete la mano allí, solo tú. La palabra es muy clara al aconsejarnos: "Por lo demás, hermanos, todo lo que es verdadero, todo lo honesto, todo lo justo, todo lo puro, todo lo amable, todo lo que es de buen nombre; si hay virtud alguna, si algo digno de alabanza, en esto pensad" (Filipenses 4:8).

Nuestras batallas no son carnales. Nuestras batallas se pelean a otro nivel. Pablo también llegó a conocer el armamento espiritual que nos haría falta cuando dijo: "...porque las armas de nuestra milicia no son carnales, sino poderosas en Dios para la destrucción de fortalezas, derribando argumentos y toda altivez que se levanta contra el conocimiento de Dios, y llevando cautivo todo pensamiento a la obediencia a Cristo" (2 Corintios 10:4-5).

DEBEMOS PERDONAR DE MANERA INTENCIONAL.

El apóstol Pablo sabía que los argumentos y la altivez son dardos que llegan para destrucción y hay que eliminarlos. Él encontró la destrucción de fortalezas en el perdón, cuando dijo: «Y al que vosotros perdonáis, yo también; porque también yo lo que he perdonado, si algo he perdonado, por vosotros lo he hecho en presencia de Cristo, para que Satanás no gane ventaja alguna sobre nosotros; pues no ignoramos sus maquinaciones» (2 Corintios 2:10-11). Debemos perdonar de manera intencional y con todo nuestro corazón, para que el Espíritu Santo de Dios, la llama del fuego divino, se encienda en nosotros y el enemigo huya.

El Señor también confirmó que tenemos autoridad divina estando llenos del fuego de Dios, cuando dijo: «He aquí os doy potestad de hollar serpientes y escorpiones, y sobre toda fuerza del enemigo, y nada os dañará» (Lucas 10:19). Tienes autoridad para que se vaya lo que se tenga que ir. No es que vas a pelear con tus fuerzas contra espíritus que no conoces. Lo que el Señor te está diciendo es que camines con seguridad y confianza en Él. Con la autoridad y la certeza de que estás protegido y nada malo te va a pasar.

David también conocía nuestro armamento como hijos de Dios, al decirle al filisteo: "Tú vienes a mí con espada y lanza y jabalina; mas yo vengo a ti en el nombre de Jehová de los ejércitos, el Dios de los escuadrones de Israel, a quien tú has provocado" (1 Samuel 17:45). Eso es autoridad. Lo que nos suceda en esta tierra puede parecer más grande y fuerte que nosotros, pero el poder de Dios en nuestro interior supera su fuerza y estatura. La potencia de nuestro armamento no puede ser superada por nada ni nadie. Nuestras armas son de nivel celestial.

Entonces, ¿contra qué luchamos? Luchamos contra argumentos y dardos externos, que nada pueden hacernos, a menos que les demos acceso en nuestra mente. Todo ataque es externo cuando le permitimos al Espíritu Santo de Dios arder como fuego dentro de nosotros, y no hay nada que quepa en nuestra mente que no sea el poder de Dios.

Nuestra carne, nuestros propios pensamientos y nuestras emociones, no son nuestro mejor armamento. La mejor arma que tenemos es someternos a Dios y resistir al diablo. Así es como el enemigo huye (Santiago 4:7). Como Santiago, debemos eliminar al enemigo, invirtiendo tiempo en la búsqueda del que enciende la llama que quema, consume, purifica y ahuyenta lo malo. Santiago no dijo que huyas, sino que resistas; pero resistiendo lleno de Dios, no vacío y sin fuerzas.

«No te impacientes a causa de los malignos, ni tengas envidia de los que hacen iniquidad. Porque como hierba serán pronto cortados y como la hierba verde se secarán» (Salmos 37:1-2). David nos enseña que la impaciencia, la desesperación, y la ansiedad no nos conducen a ningún lugar divino.

NUESTRA CARNE, NUESTROS PROPIOS PENSAMIENTOS Y NUESTRAS EMOCIONES, NO SON NUESTRO MEJOR ARMAMENTO.

David nos dice que debemos aprender a disfrutar de los beneficios del fuego de Dios: "Cuando siento miedo, pongo en ti mi confianza. Confío en Dios y alabo su palabra; confío en Dios y no siento miedo ¿Qué puede hacerme un simple mortal?" (Salmos 56:3-4, NVI). Quizás haya algunos que digan:

"¿Disfrutar de qué? ¡Con este dolor que llevo en el pecho!" Pero sí se puede disfrutar. La llenura del Espíritu de Dios nos enseña a disfrutar aun en medio de la situación más difícil. Nos da la paz que sobrepasa todo entendimiento (Filipenses 4:7).

> "Y el Dios de esperanza os llene de todo gozo y paz en el creer, para que abundéis en esperanza por el poder del Espíritu Santo".
>
> ROMANOS 15:13

Si lo que te está atacando es fuerte, pide ayuda, pero asegúrate de dirigirte a quien realmente tiene la capacidad de ayudarte. Recuerda que Dios posee las herramientas y las armas que has estado buscando durante tanto tiempo para superar tu dificultad. "Ten compasión de mí oh, Dios" (Salmo 56:1). ¿Qué está haciendo David? Está orando, está pidiéndole al que le tiene que pedir ayuda. David reconoció que agradecer lo hacía libre del enemigo, y en el versículo 12 señala: "He hecho votos delante de ti oh, Dios, y te presentaré mis ofrendas de gratitud". Debemos orar pidiendo, pero siempre debemos tener algo que dar, aunque sean las gracias en medio del dolor. Debemos ser agradecidos en todo tiempo, porque si el fuego de Dios está en nosotros, el fruto del Espíritu estará en nosotros siempre y el mismo Dios ahuyentará a los enemigos.

El enemigo huirá corriendo, como la joven endemoniada de la que te hablé en el capítulo 3. El enemigo no tiene el poder para hacerte daño. Él está allí para tratar de debilitarte solo si le das la oportunidad. Si permites que te enfríes, si dejas que la llama del fuego de Dios se apague, te quedarás sin fuerzas y sin armas para luchar. No le concedas tanto poder al que no lo tiene. No dejes que comentarios o situaciones te vayan enfriando, apartándote de Dios, para que la llama del fuego se apague y que el Espíritu Santo quede entristecido dentro de ti. ¡Enciéndelo! Lo repito tantas veces para que lo internalices. Tu adversario está buscando debilitarte; está buscando un momento de dificultad en tu vida donde la llama del fuego de Dios esté apagada, para poder entrar y ocupar el lugar que le pertenece solo al Espíritu Santo de Dios, su fuego y su poder.

RECUERDA QUE DIOS POSEE LAS HERRAMIENTAS Y LAS ARMAS QUE HAS ESTADO BUSCANDO.

EL DOMINIO Y EL PODER DE DIOS

"Jehová reina; regocíjese la tierra,
Alégrense las muchas costas.
Nubes y oscuridad alrededor de él;
Justicia y juicio son el cimiento de su trono.
Fuego irá delante de él,
Y abrasará a sus enemigos alrededor.
Sus relámpagos alumbraron el mundo;
La tierra vio y se estremeció.
Los montes se derritieron como cera delante de

> Jehová,
> Delante del Señor de toda la tierra.
> Los cielos anunciaron su justicia,
> Y todos los pueblos vieron su gloria.
> Avergüéncense todos los que
> irven a las imágenes de talla,
> Los que se glorían en los ídolos.
> Póstrense a él todos los dioses".
>
> SALMOS 97:1-7

Así lo explica el Salmo 97: el poder de Dios como fuego. David entendió perfectamente las armas que necesitamos. Sabía que, si el fuego iba delante de él, consumiría a los adversarios que lo rodeaban. El Señor protege la vida de sus fieles, y los libra de las manos del enemigo. Dios siempre cubre a su pueblo.

¿Cuánto daño te puede hacer un dardo? Absolutamente ninguno. ¿Cuánto daño te puede hacer el enemigo? Absolutamente ninguno. Yo sé que hay picaduras de avispas que son más fuertes que otras. Hay dardos que vienen con más fuerza que otros. Pero piénsalo bien, ningún dardo que venga contra ti, ningún comentario fuera de lugar, ninguna enfermedad, ninguna situación familiar, ningún problema en el trabajo, nada de esto te puede hacer daño, y lo digo en el nombre de Jesús de Nazaret. El que venció la muerte, el que te ha llenado con su Santo Espíritu para que tú estés libre de toda asechanza.

Cuando estás fortalecido en Dios, caminas ardiendo en las llamas de su fuego, y el enemigo tiene que huir, se va corriendo, sin haber logrado nada. Se va porque no soporta el fuego del Espíritu Santo que hay en ti. Un dardo no te mata, pero te puede poner a pensar lo que no debes; te puede poner a dudar. Si tienes la mente de Cristo, vas a tener victoria. Pensar lo incorrecto no te levanta. Lo que te va a levantar es tener la mente de Cristo, llenarte del poder de Dios, encender la llama de su fuego en ti, y el enemigo huirá.

> CUANDO ESTÁS FORTALECIDO EN DIOS, TÚ VAS CAMINANDO ARDIENDO EN LLAMAS DE SU FUEGO, Y EL ENEMIGO TIENE QUE HUIR.

Acércate más a Dios para ser libre de temor, libre de ataques, libre de todo pensamiento que viene a debilitarte. Llénate de Dios para disfrutar de los beneficios de su fuego. Levántate ahora lleno del fuego de Dios, caminando y cumpliendo los propósitos que Él ha puesto en ti. Levántate como guerrero de Dios, porque estás protegido. El poder y el dominio de Dios van contigo, y lo que viene con intenciones de destrucción y división desaparece, se va, porque no puede con tanto poder. Como dice el Salmo 103:19: "Jehová estableció en los cielos su trono, y su reino domina sobre todos". Esto significa que Dios es el soberano y tiene control y poder sobre todas las cosas en el cielo y en la tierra. ¡Todo le teme al poder del Señor! Como nos alienta el Salmo 47:2: "Porque Jehová el Altísimo es temible; Rey grande sobre toda la tierra".

RECUERDA

- El Dios de poder desciende, para que lo lleves en ti. Permite que el Espíritu Santo encienda ese fuego y todo enemigo será destruido. No te olvides que el fuego de Dios es el que ahuyenta al enemigo. Arder en fuego divino es el verdadero avivamiento que impactará al mundo entero, y nos uniremos todos los que andamos en fuego y experimentaremos la manifestación de grandes cosas jamás vistas. Lo que está pasando en el mundo entero ahora, la mentira, la confusión política y todo lo que ha venido a querer tomar el lugar de Cristo para confundir, va a ser destruido en el nombre de Jesús, porque ya lo venció en el poder de la cruz y la resurrección.

- A nosotros nos corresponde vivir más en el fuego del Espíritu Santo de Dios. Él vendrá y quemará la maleza, quemará lo seco con un fuego que nunca se apagará. Avivará su Espíritu en nosotros: a Cristo Jesús.

- "Yo a la verdad os bautizo en agua para arrepentimiento; pero el que viene tras mí, cuyo calzado yo no soy digno de llevar, es más poderoso que yo; él os bautizará en Espíritu Santo y fuego. Su aventador está en su mano, y limpiará su era; y recogerá su trigo en el granero, y quemará la paja en fuego que nunca se apagará" (Mateo 3:11-12).

REFLEXIONA

- ¿Sientes que el enemigo está atacando alguna área de tu vida y aún no le has pedido ayuda a Dios?

- ¿Recuerdas alguna ocasión en la que Dios intervino para eliminar el caos y traer orden contigo o con los tuyos?

MIS NOTAS

....

....

....

....

....

....

....

....

CAPÍTULO 6 |

EL FUEGO DE DIOS CALIENTA LA CASA

EL FUEGO DEL ESPÍRITU SANTO TRANSFORMA LUGARES COMUNES EN HOGARES LLENOS DE AMOR, UNIDAD Y DIRECCIÓN.

CAPÍTULO 6 |

"Cuando llegó el día de Pentecostés, estaban todos juntos en el mismo lugar. De repente, vino del cielo un ruido como el de una violenta ráfaga de viento y llenó toda la casa donde estaban reunidos. Se les aparecieron entonces unas lenguas como de fuego que se repartieron y se posaron sobre cada uno de ellos. Todos fueron llenos del Espíritu Santo y comenzaron a hablar en diferentes lenguas, según el Espíritu les concedía expresarse".

HECHOS 2:1-4, NVI

¿ESTARÉ VIVIENDO EN UNA CASA?

El deseo de tener un hogar es algo que todos compartimos y está muy profundamente arraigado en nosotros. Incluso aquellos que han disfrutado de unas vacaciones seguramente han experimentado lo mismo que yo sentí. A pesar de poder disfrutar de las mejores vacaciones en los lugares más hermosos, en los hoteles más lujosos y disfrutando de buenas comidas, nunca se logra sentir el calor y la familiaridad que solo nuestro hogar nos ofrece. Hay algo que tiene nuestra casa que ningún otro lugar posee. Un lugar que no te pertenece, siempre será un espacio extraño. Ese sentido de pertenencia nos brinda seguridad, calidez y amor.

Durante un periodo de mi niñez, entre los seis y los nueve años, como mencioné en el capítulo 4, experimenté algo muy difícil para esa etapa de la vida: la constante necesidad de pertenencia, mientras cambiaba de casa en casa, casi todas las semanas. En aquel entonces, estos cambios me generaron numerosas emociones desagradables. No estar en mi hogar, con mis padres y hermanas, me trajo sentimientos de desamparo. Aunque la casa donde pasaba esa semana estuviera llena de gente, me sentía sola. Era como vivir de prestado, sabiendo que en algún momento debía trasladarme a otro lugar. En cualquier momento vendrían a buscarme para llevarme a otra casa. Además, surgieron sentimientos de incertidumbre e inseguridad, sin saber si mis padres aparecerían un día a buscarme o no. La pandemia del COVID-19 nos hizo replantear la idea de hogar. Muchos se vieron obligados a encerrarse en sus casas y descubrieron que la mera estructura física no bastaba. Queriendo confirmar si lo que decían las noticias era cierto y para saber si había personas que necesitaban ayuda dentro de su casa, realizamos un estudio que reveló que el verdadero sentido de hogar va más allá de las paredes. Una casa (una estructura) puede carecer de amor y acogida, y lamentablemente las rutinas diarias pueden esconder esta carencia.

Fue entonces cuando entendimos la importancia de tener el calor de un hogar, donde nos sentimos amados y seguros en vez de tener solo una casa física. Creamos un formulario de preguntas que fue contestado por un gran número de personas, de forma anónima y voluntaria. Para nuestra sorpresa, las respuestas confirmaron lo que las noticias decían: muchas personas no soportaban estar en sus casas porque no se sentían amados en ella.

La rutina de salir todos los días a trabajar disimulaba la incomodidad que estas personas sentían al estar junto a su familia bajo un mismo techo, pero necesitaban ese calor de hogar que los hiciera sentir acogidos, amados y seguros.

LA CASA ESPIRITUAL QUE NOS ACOGE

Así como anhelamos un hogar para la familia, también necesitamos un hogar espiritual. Una iglesia que nos reciba con los brazos abiertos, donde podamos experimentar el amor de Dios y la comunión con nuestros pastores y hermanos, para vivir el sentido de pertenencia que tanto anhelamos. Así nos enseña Efesios 2:19-22 (NVI): "Por lo tanto, ustedes ya no son extraños ni extranjeros, sino conciudadanos del pueblo elegido y miembros de la familia de Dios, edificados sobre el fundamento de los apóstoles y los profetas, siendo Cristo Jesús mismo la piedra angular. En él todo el edificio, bien armado, se va levantando para llegar a ser un templo santo en el Señor. En él también ustedes son edificados juntamente para ser morada de Dios por su Espíritu". Aunque vivamos en distintos lugares, debemos sentirnos parte de la casa de nuestro Padre celestial, el Diseñador y Creador de nuestras vidas. Él siempre nos espera con brazos abiertos y nos abraza; nos calienta bajo sus alas cuando tenemos frío, dolor, cuando estamos en problemas, cuando necesitamos consuelo. Nuestro Padre siempre está allí esperándonos. Él es quien construye la base de nuestro hogar, nos protege y nos guía en cada paso.

El fuego de Dios calienta nuestro hogar al igual que nuestra casa espiritual, la iglesia, y con su fuego experimentamos su amor y podemos compartirlo con los demás. Nuestro hogar espiritual nos brinda la verdadera sensación de pertenencia y nos recuerda que somos amados y cuidados por nuestro Padre celestial.

TODOS NECESITAMOS UN HOGAR

Un hogar es un espacio donde el vínculo de la familia se funde en un mismo ADN, brindando un sentido de comunidad, comodidad y estabilidad. El lugar donde la confianza y pertenencia crecen. Ese que valoras tanto y por lo que te esfuerzas, porque sientes que te pertenece.

> "Si Jehová no edificare la casa, en vano trabajan los que la edifican; si Jehová no guardare la ciudad, en vano vela la guardia".
>
> SALMOS 127:1

La presencia de Dios es imperante en cada hogar. Él puede llenar cualquier lugar, incluso aquel que no es físico. A veces, tomamos decisiones erróneas que nos llevan lejos de su calor y guía. Por eso necesitamos reconocer que su presencia, su estadía permanente en nosotros, es clave para tomar decisiones acertadas.

 | DEBEMOS SENTIRNOS PARTE DE LA CASA DE NUESTRO PADRE CELESTIAL.

Hogar es aquello que amas y que, aunque de repente algunas cosas se tambaleen, no sientes la necesidad de abandonar. Más bien sientes la confianza de luchar por él porque es tuyo. Te pertenece. Trabajaste de la mano del Señor para obtenerlo y no lo vas a perder, ni el hogar ni el calor, porque sabes que nada puede derrumbarlo.

> "Cualquiera, pues, que me oye estas palabras, y las hace, le compararé a un hombre prudente, que edificó su casa sobre la roca. Descendió lluvia, y vinieron ríos, y soplaron vientos, y golpearon contra aquella casa; y no cayó, porque estaba fundada sobre la roca. Pero cualquiera que me oye estas palabras y no las hace, le compararé a un hombre insensato, que edificó su casa sobre la arena; y descendió lluvia, y vinieron ríos, y soplaron vientos, y dieron con ímpetu contra aquella casa; y cayó, y fue grande su ruina".
>
> MATEO 7:24-27

En una ocasión tomé la decisión más difícil y, en retrospectiva, la peor de mi vida: abandonar el grupo en el que cantaba con mis hermanas, un lugar donde la presencia de Dios, su calor y su fuego estaban presentes. Una de las decisiones más lamentables que he tomado en mi vida y de la cual me arrepiento profundamente. El inconveniente no estaba en formar parte del grupo, sino en que la comunicación se estaba viendo afectada, y no lo percibimos a tiempo. Comparto esta experiencia porque de ella obtuve valiosas lecciones y estoy segura de que también serán de aprendizaje para ti.

> HOGAR ES AQUELLO QUE AMAS Y QUE, AUNQUE DE REPENTE ALGUNAS COSAS SE TAMBALEEN, NO SIENTES LA NECESIDAD DE ABANDONAR.

Cuando reconocemos la presencia y el fuego de Dios, podemos reflexionar y tomar decisiones con mayor sabiduría para evitar errores. No sé si alguna vez has dejado algo en algún momento de tu vida, ¡pero qué sensación tan fea! Tu vida cambia drásticamente. Ya no te enteras de lo que te enterabas antes; ya no cuentan contigo como antes; ya no eres parte de reuniones, y muchas otras lindas vivencias que ya no existen cuando te vas. Qué desagradable sabor tiene el saber que ya no somos parte de algo o de alguien. Imagino que así se deben sentir todos los que en algún momento dejan los caminos del Señor, pensando que alguna otra cosa los va a llenar tanto como Cristo. Tú y yo sabemos que no hay nada ni nadie como Jesucristo; nada llena nuestras vidas como Él lo hace.

No hay nada mejor que ser familia, que contar con alguien, o con un lugar en donde estamos emparentados. Siempre hay alguien que nos une y esto nos hace familia y nos da sentido de dirección, pertenencia y seguridad. La palabra de Dios afirma que:

> "Todos ustedes son hijos de Dios mediante la fe en Cristo Jesús, porque todos los que han sido bautizados en Cristo se han revestido de Cristo. Ya no hay judío ni griego, esclavo ni libre, hombre ni mujer, sino que todos ustedes son uno solo en Cristo Jesús".
>
> GÁLATAS 3:26-28, NVI

La hermandad se vive en una casa a pesar de tener gustos distintos y discusiones. Si nos peleamos, hacemos lo posible para perdonarnos y reconciliarnos porque en algún momento necesitaremos de la familia para que nos ayude con un problema, para jugar y pasar tiempo de alegría y gozo. En un hogar, siempre encontraremos restauración, por más difícil que sea la situación que estemos atravesando, y siempre habrá alguien para abrazarnos y ayudarnos. Aunque muchas veces haya roces o diferencias, nos necesitamos unos a otros.

¿Viste alguna vez esos programas de televisión donde los hijos buscan a sus verdaderos padres? Eso es unidad de familia, siempre se necesitan. Y así como un hijo abandonado no descansa hasta encontrar a sus verdaderos padres, uno que se siente abandonado no dejará de buscar cosas que ya tiene. Mi esposo fue abandonado por su padre cuando tenía apenas algunos meses de haber nacido, y todavía hoy siente la necesidad de buscarlo y verlo, porque la armonía y la unidad son parte esencial de la familia y del hogar. Así es la propia naturaleza del ser humano. Las diferencias no pueden romper la hermandad. La restauración y el apoyo mutuo son pilares en un hogar. Los lazos de la familia siempre nos llaman.

AUNQUE MUCHAS VECES HAYA ROCES O DIFERENCIAS, NOS NECESITAMOS UNOS A OTROS.

Recuerdo nuestra primera experiencia enfrentando la llegada del huracán Hugo, en el año 1989. Vivíamos en un hermoso chalet construido en la parte superior de la casa de mi suegra. ¡Pero cómo imaginar lo que sucedería allí! Creímos habernos preparado muy bien para un huracán que se acercaba y decidimos quedarnos en la casa. Sí, allí nos quedamos en nuestro hermoso chalet porque ¿cómo abandonar nuestra casa tan linda? ¿Cómo dejarla sola en medio de un huracán? ¡Imposible! Sellamos bien las ventanas, aseguramos las puertas, atamos todo lo que estaba suelto, y hasta sujetamos el techo para que no se lo llevara el viento.

Pero en medio del huracán Hugo, con los vientos más fuertes, veíamos cómo algunas otras casas volaban y sus techos explotaban como una bomba. Nuestro chalet era de madera y la casa de mi suegra ubicada en la parte de abajo, estaba construida con cemento. Sentíamos que allí estábamos protegidos por ser una construcción más robusta… ¡Qué error!

Aunque todas las casas de madera de alrededor se volaron y la nuestra no sufrió ningún daño. Digo "¡qué error!" porque quien nos protegió, no fue la estructura de la casa, sino el mismo Dios. Nuestra seguridad no es una estructura; la mayor seguridad que podemos tener es Dios mismo. Él cuida de nuestras pertenencias. Su favor, gracia y poder están con nosotros. Nuestra seguridad es Jesucristo.

Cuando el fundamento de tu casa y tu familia, incluyendo tu matrimonio, están en un lugar seguro y ardiendo en fuego, podrán venir huracanes violentos, podrán venir ataques masivos, pero tu matrimonio, tu familia y tu iglesia permanecerán firmes.

Si Cristo vive contigo en tu casa, entonces tienes buen fundamento, porque en un hogar bien fundado sientes y vives la protección y la seguridad divina.

En una ocasión, alguien me dijo: *"Cuando yo veo el comportamiento de un niño, tengo una idea bastante clara de cómo son los padres de ese niño"*. Cuando mis hijos eran pequeños, después de salir de la escuela, regresaban caminando por las calles del pueblo hasta llegar al negocio que teníamos. Muchas veces se encontraban con personas mayores de edad que necesitaban ayuda para cruzar la calle llevando sus pesados paquetes. Yo misma vi cómo mis hijos tomaban la mano de los adultos para ayudarlos a cruzar, y les ayudaban también llevando sus paquetes. A Nelson y a mí siempre nos ha gustado ayudar a las personas, especialmente a aquellas que vemos con mucho potencial, pero que aún no han podido alcanzar sus objetivos sencillamente por falta de guía. Desde pequeños, mis hijos han podido ver esto en nosotros. Tenía razón aquella persona que me hizo el comentario: *"Al ver lo que hace el hijo, puedes conocer cómo son sus padres".*

SI CRISTO VIVE CONTIGO EN TU CASA, ENTONCES TIENES BUEN FUNDAMENTO.

El comportamiento de un niño refleja el de sus padres. Los valores se aprenden en el hogar, y luego se manifiestan en la vida cotidiana.

UN HOGAR NO ES UN LUGAR

Los lugares son siempre temporales; aunque existan espacios momentáneos, no representan lo esencial. Dios estableció la familia como un fundamento para el ser humano y el hogar es su reflejo. Pero es triste ver cómo se puede corromper y diluir ese espejo para convertirse en un simple lugar. Algunos matrimonios se transforman en espacios momentáneos, coexistiendo en el mismo lugar, pero con caminos distintos, debido a la falta de unión y calor, cuando la llama se apaga. De manera similar algunas iglesias pueden convertirse en lugares temporales, donde se buscan beneficios personales y se ignoran las bendiciones de Cristo. Las familias también pueden degenerar en entornos de discordia, envidia y arrogancia. ¡No permitas que tu hogar se convierta en un lugar!

> LOS VALORES SE APRENDEN EN EL HOGAR.

Antes de la venida del Espíritu Santo en forma de fuego, el aposento alto era un lugar, un espacio para reuniones y cenas. Un salón, en Jerusalén, que los discípulos usaban como lugar de reunión y hospedaje. Aunque no hay muchos detalles de lo que se hacía, antes del gran evento del día de Pentecostés, el aposento cambió totalmente cuando descendió sobre él el Espíritu Santo como fuego. La teofanía divina transformó el lugar en un hogar unido. Cambió para ser un hogar que los hacía estar unidos bajo un mismo fuego. Allí no les faltaba nada. Ahora los que estaban en esa casa tenían la misma experiencia. Se llenaron del Espíritu Santo de Dios manifestado como fuego (Hechos 2:1-4). El fuego de Dios "calentó" el aposento y ahora allí se vivía como en un hogar, juntos y unánimes experimentando el poder del fuego de Dios.

EL FUEGO DE DIOS TRAE DIRECCIÓN EN LA CASA

Para poder entender mejor lo que deseo explicar, estoy utilizando "casa" y "lugar" como sinónimos de un área o espacio físico.

"Hogar" es donde habita el Señor. Una casa debe tener su dirección para ubicarla físicamente, mientras que un hogar le da dirección a una familia entera. Hay muchos beneficios que podemos disfrutar cuando le permitimos al Espíritu de Dios venir a morar y no tan solo visitarnos temporalmente. Hay bendición cuando le permitimos al poder de Dios moverse en nosotros y calentarnos con su fuego de manera constante. Uno de estos beneficios de arder en el fuego de Dios es que siempre tendremos dirección, nunca estaremos perdidos. Siempre tendremos seguridad de hacia dónde vamos, y de cómo llegaremos. La permanencia del fuego de Dios en nuestra casa elimina las dudas y los interrogantes. Nos convertimos en familias seguras y con una dirección clara. Este principio se extiende a diversas áreas de nuestra vida, incluyendo negocios y ministerios, donde la dirección divina se vuelve imperativa.

El Sinaí, como el Aposento Alto, fue transformado. Israel había visto el poder de Dios manifestado en Egipto para consumir lo que tenía que ser consumido y dejar libre al pueblo de Dios, pero era también necesario que el pueblo recibiera revelación acerca de su futuro.

> "Aconteció que al tercer día, cuando vino la mañana, vinieron truenos y relámpagos, y espesa nube sobre el monte, y sonido de bocina muy fuerte; y se estremeció todo el pueblo que estaba en el campamento. Y Moisés sacó del campamento al

> pueblo para recibir a Dios; y se detuvieron al pie del monte. Todo el monte Sinaí humeaba, porque Jehová había descendido sobre él en fuego; y el humo subía como el humo de un horno, y todo el monte se estremecía en gran manera. El sonido de la bocina iba aumentando en extremo; Moisés hablaba, y Dios le respondía con voz tronante".
>
> ÉXODO 19:16-19

Israel llegó al monte Sinaí tres meses después de haber salido de Egipto (Éxodo 19:1-2), y fue allí donde Dios dejó ver su teofanía y cambió aquel lugar, convirtiéndolo en un lugar de revelación, pactos y dirección divina.

Fue en el monte Sinaí donde Moisés recibió los diez mandamientos; donde el mismo Dios se reveló a Israel haciendo con él un pacto, estableciéndolo como su pueblo (Éxodo 19:3-6). Fue donde le entregó sus mandamientos y leyes (Éxodo 20:1-17; Deuteronomio 5:6-21) y también el libro del pacto (Éxodo 24:7).

Dios se aparece en esta teofanía como truenos, relámpagos y sonido de bocina muy fuerte. Dios también llamó a Moisés en las alturas del monte Sinaí, para que preparara unas nuevas tablas de piedra (Éxodo 34:1-4). Fue allí, en el Sinaí, donde Dios reveló su naturaleza y su nombre a Moisés (Éxodo 34:5-7). Dios renovó su pacto con Israel (Éxodo 34:10-28). Moisés descendió del monte con su rostro resplandeciente (Éxodo 34:29-35).

Dios dio órdenes a Moisés para realizar un censo de Israel en el desierto de Sinaí (Números 1:1-4; 3:14-16).

El Sinaí cumplió una función similar al tabernáculo: fue un sitio físico donde la presencia de Dios descendía y se hacía accesible para que su pueblo recibiera instrucción y guía.

Cuando el fuego divino desciende, transforma matri-monios, familias, amigos e iglesias. Algunos necesitan intervención divina para cambiar y recibir dirección. Miriam, hermana de Moisés, murmuró y fue castigada (Números 26:59). A pesar de haber vigilado la arquilla de juncos donde pusieron al niño Moisés a la orilla del río Nilo (Éxodo 2:1-8) y haber dirigido a las mujeres con panderos (Éxodo 15:20-21), Miriam murmuró contra su hermano Moisés y fue castigada con lepra, aunque después fue sanada (Números 12:1-15).

Hay quienes reciben intervención divina, pero terminan destruidos como el rey Ocozías (2 Reyes 1:9-17), y como los profetas de Baal que fueron destruidos después de sus intentos vanos para tratar de mostrar que su dios era más poderoso (1 Reyes 18:38).

Algunos son destruidos por intervención divina, mientras que otros, como Elías, experimentan una transformación extraordinaria. Elías había conocido bien lo que el fuego era capaz de hacer y pidió fuego del cielo y fue trasladado al cielo (2 Reyes 2:1-12). Este tuvo una transformación personal llena de fuego.

Las intervenciones divinas brindan dirección para cambiar resentimientos, odio e inseguridades. Con el fuego divino, los individuos, los matrimonios, las familias e iglesias encuentran un camino firme y dejan las vueltas sin rumbo.

EL FUEGO DE DIOS TRAE COMUNICACIÓN EN LA CASA

¿Qué otro beneficio experimentamos al permitir que el Espíritu de Dios se manifieste? La conexión constante para que nunca estés incomunicado.

> LAS INTERVENCIONES DIVINAS BRINDAN DIRECCIÓN.

En esta era altamente tecnológica, donde los disturbios, protestas, asaltos y chicos armados llenan las calles, escuchamos a menudo la expresión: "No puedo estar sin mi teléfono". Pareciera que el temor a estar incomunicados es abrumador, mejor dicho, ¡terrorífico! La necesidad de estar conectados, especialmente en momentos inesperados, se vuelve esencial para obtener ayuda y seguridad. Créeme que lo entiendo, porque podemos necesitar ayuda de alguien en momentos de adversidad y un teléfono nos puede salvar la vida.

He vivido rodeada de huracanes durante mucho tiempo. En el año 1998, mi esposo estaba trabajando en un proyecto especial en Miami con la productora Vida Music, justo cuando el huracán George se acercaba a Puerto Rico, donde yo me encontraba. Anticipándome al impacto, mi preocupación radicaba en la posibilidad de no poder comunicarme debido a cortes eléctricos, ya que se esperaba que el huracán fuera de gran magnitud. Aunque muchos me tildaron de loca por mudar mis muebles, el huracán finalmente llegó como categoría cuatro (capaz de generar vientos sostenidos de más de 251 km/h equivalente a 156 mph). El paso del huracán devastó la región y cortó la electricidad. Nuestra querida casa, nuestro hogar amado, nuestro chalet, colapsó; solo se salvaron los muebles que yo había mudado previamente.

Ese día, Nelson estaba en una convención de trabajo en California y ni él ni yo logramos comunicarnos. Lo que le había anticipado a Nelson finalmente sucedió: muchas torres de comunicación en la isla habían sido destruidas totalmente. No podía hablar con mi esposo para comentarle nuestro estado, pero sabía que él lo imaginaba.

Fue desesperante tener que pasar este tiempo sin mi esposo, la cabeza del hogar, el sacerdote y guía de la familia. A pesar de la incertidumbre, la seguridad provenía por el afecto que nos unía; sabía que Nelson no se quedaría con los brazos cruzados. Había algo en mí que me aseguraba que él llegaría, aunque no sabía cuánto tiempo le tomaría. Nuestra comunicación ahora no dependía de un teléfono, dependía de la manifestación del poder de Dios hablándonos a los dos. Un estilo de comunicación que fomentamos muchos años antes de este suceso.

Como esperaba, Nelson se esforzó al máximo y superó numerosos desafíos hasta que finalmente logró llegar a la isla en el primer avión de la Cruz Roja que llevaba ayuda humanitaria. Esto fue posible gracias a su labor en un lugar donde también se manifestaba el fuego de Dios. Es reconfortante saber que siempre habrá alguien que vendrá a tu rescate.

> "Porque si alguno no provee para los suyos, y mayormente para los de su casa, ha negado la fe, y es peor que un incrédulo".
>
> 1 TIMOTEO 5:8

Dios también busca comunicarse contigo, de manera similar a mi esposo luchando por contactarnos. La constante manifestación de su fuego, demuestra que nunca ha cesado su comunicación. Aunque no siempre lo escuches, su fuego te mantiene unido a Él. Es un deleite saber que el Señor aparecerá, en el momento justo que lo necesites, para socorrerte, resolver y restaurar lo que necesite ser restaurado. También para suplir todo lo que necesitemos. No hay nada mejor que estar comunicados, en contacto y, sobre todo, hablar el mismo lenguaje que los demás.

Así como en Pentecostés, el poder de Dios, el fuego que descendió allí, les permitió hablar en otras lenguas logrando que muchos se comunicaran con otros que jamás se habían relacionado. ¿Cómo es posible que haya hogares en los que se hablan, pero no se entienden? En algunos hogares se habla mucho pero no existe una verdadera comunicación. Como en Pentecostés, es el poder de Dios que nos da la capacidad de hablar el idioma que se necesita para entendernos mutuamente. La familia, el matrimonio, la iglesia y el mundo entero necesitan el fuego de Dios para disfrutar de una verdadera comunicación.

EL FUEGO DE DIOS ESTABLECE PAZ EN LA CASA

> "En cualquier casa donde entréis, primeramente, decid: Paz sea a esta casa".
>
> LUCAS 10:5

La paz debe ser el cimiento del hogar, ese lugar de seguridad, de protección, de armonía, de unidad y de calor.

> ES EL PODER DE DIOS QUE NOS DA LA CAPACIDAD DE HABLAR EL IDIOMA QUE SE NECESITA PARA ENTENDERNOS.

Dios sigue otorgando el regalo de la paz, sin necesidad de esperar la Navidad o algún cumpleaños para sentirnos serenos y gozosos. El solo hecho de recordar el nacimiento de Jesús, su muerte en la cruz y su resurrección al tercer día, ya es suficiente como para vivir agradecidos y en paz. ¿Por qué experimentamos paz? Porque al tener a Jesús, obtenemos los beneficios de su hogar celestial: dirección, comunicación, paz infinita, gracia, favor y cobertura. Ninguna circunstancia es tan compleja que Dios no pueda resolverla, asegurándonos una vida plena y tranquila. Si todos somos familia y vivimos juntos en la misma casa, podemos identificar al que no contribuye a la paz en el hogar. Todo el que está feliz y encuentra paz en su casa, siempre está alegre y gozoso e imparte paz a los demás.

> "Porque un niño nos es nacido, hijo nos es dado, y el principado sobre su hombro; y se llamará su nombre Admirable, Consejero, Dios Fuerte, Padre Eterno, Príncipe de Paz. Lo dilatado de su imperio y la paz no tendrán límite (énfasis agregado), sobre el trono de David y sobre su reino, disponiéndolo y confirmándolo en juicio y en justicia desde ahora y para siempre. El celo de Jehová de los ejércitos hará esto".
>
> ISAÍAS 9:6-7

A pesar de conocer la proximidad del huracán y de no saber cómo enfrentaríamos la situación, confiaba y encontraba paz en la certeza de que Dios estaba conmigo, guiando también a mi esposo. La paz del Señor se manifiesta en el hogar y en cualquier circunstancia, sin importar cuán desafiante sea.

EL FUEGO DE DIOS CALIENTA LA CASA

¿Sabías que el fuego de Dios puede calentar un hogar?

> "Mejores son dos que uno; porque tienen mejor paga de su trabajo. Porque si cayeren, el uno levantará a su compañero; pero ¡ay del solo! que cuando cayere, no habrá segundo que lo levante. También si dos durmieren juntos, se calentarán mutuamente; mas ¿cómo se calentará uno solo?".
>
> ECLESIASTÉS 4:9-11

Fueron varias las ocasiones en las que experimenté la ausencia física de mi esposo, debido a su trabajo y ministerios familiares. Fue en la Navidad del 2011 que sentí una vez más la ausencia de mi esposo y mis tres hijos. Me había mudado a Georgia y me acompañaba mi nuera Elisamar. Como de costumbre, decoré la casa con un árbol de Navidad gigantesco y muchos adornos dentro y fuera de la casa.

En ese momento, recibí una carta que exigía abandonar la casa en un plazo de siete días. Fue justo la época de recesión económica en Estados Unidos, cuando muchos también perdieron sus inmuebles por la caída de la economía (el famoso efecto *"Balloon"* o "burbuja").

Hablando con honestidad, toda mujer desea tener su casa arreglada y bonita, especialmente durante la época navideña. Nunca me preocuparon demasiado las cosas materiales, pero el hecho de saber que estaba en Georgia con un propósito divino me daba paz, ya que estaba segura de que, aunque perdiera mi techo, permanecería en el propósito de Dios y sabía que su calor no iba a faltar en mi hogar. De todas formas, no sería la primera vez que perdería mi casa física (¡qué ironía!). No pretendo autoproclamarme como la mujer más fuerte, ya que esa situación fue verdaderamente difícil. Sobre todo, porque ocurrió en pleno invierno, en época navideña, y nosotras (mi nuera y yo) estábamos solas. Rápidamente tuvimos que empacar toda la casa en cuestión de pocos días. Solicité la cancelación del suministro eléctrico de la casa el día que vencía el plazo para salir de allí. Sorpresivamente cortaron la electricidad el día antes de irnos. ¡Otra vez sin servicio eléctrico! Qué importante es valorar la presencia de Dios en nuestras vidas. ¡Hacía tanto frío dentro de esa casa ahora vacía, con sus pisos de madera! Es realmente terrible sentir frío en invierno y no tener calefacción, ni una chimenea para calentar las manos y los pies.

LA PAZ DEL SEÑOR SE MANIFIESTA EN EL HOGAR Y EN CUALQUIER CIRCUNSTANCIA, SIN IMPORTAR CUÁN DESAFIANTE SEA.

Mi nuera y yo no teníamos a dónde ir, así que dormimos sobre el piso de una de las habitaciones de la casa, compartiendo un sencillo abrigo. Desconocía lo que era la hipotermia, pero ese día la viví en carne propia. Temblábamos sin parar, sin control y sin poder ayudarnos la una a la otra. Intentamos tomarnos de las manos para darnos calor, pero no fue suficiente. Llegué a pensar que quizás no despertaríamos vivas a la mañana siguiente. Nelson, nuevamente muy preocupado y sin poder llegar para ayudarnos, oraba. Pero la misericordia de Dios es tan grande que permitió que viéramos la salida del sol al próximo día. ¡Dios siempre desea llevar su calor a nuestro hogar!

Es trágico carecer del calor necesario en un hogar, puede resultar en la muerte. De igual modo, si carecemos del fuego de Dios, podemos experimentar la muerte espiritual. La falta de calor espiritual puede llevar a separaciones, divorcios, a que los hijos abandonen el hogar. Permanecer fríos puede tener consecuencias negativas. Por eso, cada hogar debe estar lleno de Dios. Él nos une, y con su fuego calienta cada hogar, cada casa, cada familia. Alrededor del fuego los padres comparten historias, los hijos escuchan y las madres mantienen la llama del amor familiar al cocinar. Mis abuelos y padres me enseñaron que el hogar no se construye alrededor de la llama física del fuego, sino con la llama del amor. Cuando el amor se extingue, la familia vive en un ambiente frío, sumido en discusiones y rencor.

> ES TRÁGICO CARECER DEL CALOR NECESARIO EN UN HOGAR, PUEDE RESULTAR EN LA MUERTE.

Como resultado de aquella encuesta de treinta y ocho preguntas realizadas a unas ochenta personas durante la pandemia del COVID-19 en el 2020, nos sorprendió la respuesta común que compartió casi el cien por ciento de los encuestados.

Coincidieron en que no les faltaba comida ni ropa, pero extrañaban profundamente el calor del amor en sus casas. A pesar de que, debido a la pandemia, toda la familia estaba bajo el mismo techo, se dieron cuenta de que no era un hogar propiamente dicho, sino más bien un lugar sin calor. Debemos implorar a Dios que la llama del amor en nuestros hogares nunca se apague.

Por el contrario, cuando el fuego del amor arde, todos en el hogar experimentan calor en cada saludo, en cada abrazo, en cada plato de comida y en cada conversación. Cuando el fuego de Dios habita en el hogar, todos viven en armonía y paz.

EL FUEGO CONGREGA A LAS PERSONAS EN LA CASA

Desde mi primer viaje a Israel, quedé impactada por su belleza y relevancia. Trato de regresar cada año que puedo. Me gusta estar allí, a la orilla del mar de Galilea, en donde aún permanece la piedra marcada por las llamas, donde Jesús después de resucitar, realizó otro milagro al conceder una pesca abundante a sus discípulos; los invita y les cocina pescado, como una gran fiesta (Juan 21:1-14). Ese acto de Jesús congregó a los discípulos y, a través de esas llamas, experimentaron su amor.

DEBEMOS IMPLORAR A DIOS QUE LA LLAMA DEL AMOR EN NUESTROS HOGARES NUNCA SE APAGUE.

Otra historia bíblica que ilustra cómo el fuego atrae y congrega a las personas, ocurre después del arresto de Jesús. Luego de negar a su Maestro, Pedro se reunió alrededor de un fuego:

> "Y prendiéndole, le llevaron, y le condujeron a casa del sumo sacerdote. Y Pedro le seguía de lejos. Y habiendo ellos encendido fuego en medio del patio, se sentaron alrededor; y Pedro se sentó también entre ellos".
> LUCAS 22:54-55

Marcos, en su Evangelio, lo explica de la siguiente manera:

> "Y cuando vio a Pedro que se calentaba, mirándole, dijo: Tú también estabas con Jesús el nazareno".
> MARCOS 14:67

El apóstol Pablo también experimentó el calor que atrae y congrega. Estando en la isla de Malta, lo explica de este modo:

> "Estando ya a salvo, supimos que la isla se llamaba Malta. Y los naturales nos trataron con no poca humanidad; porque encendiendo un fuego (énfasis agregado), nos recibieron a todos, a causa de la lluvia que caía, y del frío".
> HECHOS 28:1-2

El calor que genera el fuego reúne a quienes lo rodean, no solo para mirar la belleza de su esplendor, sino también para buscar su calor, especialmente cuando las personas sienten frío. La gente se reúne alrededor de una fogata o chimenea y así también el fuego del Espíritu Santo de Dios nos congrega en la unidad de nuestro hogar y de nuestra iglesia. Nos une como la familia de Dios, nos conforta, nos consuela, nos libra de la soledad.

EL CALOR QUE GENERA EL FUEGO REÚNE A QUIENES LO RODEAN.

Es importante diferenciar entre calentar y quemar. Hay una gran diferencia. De la misma forma que lo hace el fuego, el Espíritu de Dios "calienta" a quienes se acercan a Él. Cuando recibes el Espíritu Santo, no sientes un calor como cualquier otro, sino que recibes un calor espiritual especial. Recibes calor de tu hogar espiritual porque viene del Cielo. Muchas personas cuando aceptan a Jesucristo, al convertirse experimentan la sensación de un fuego interno; sienten el deseo de acercarse a la iglesia y a sus pastores, y, por consiguiente, se sienten como en casa. Sin embargo, otros que han disfrutado del fuego espiritual durante años, permiten que el pecado o la rebeldía los alejen de Dios, experimentando un frío en el alma y, en ocasiones, incluso alejándose de la iglesia.

El fuego abraza con su calor al corazón que es indiferente, endurecido y frío, si este se deja. El fuego nos llena con todo el fruto del

Espíritu. Nos llena de amor, alegría, paz, paciencia, amabilidad, bondad, fidelidad, humildad y dominio propio, que tanto necesitamos para tomar buenas decisiones y para impactar a otros. Nos une con Cristo y proporciona su fruto al recibir su calor.

La experiencia de la pandemia reveló la temperatura emocional de muchos hogares. El confinamiento fue la ocasión para detectar lo que realmente sucedía en cada uno de ellos. En muchos casos, el encierro reveló lo que por años no se había descubierto: una frialdad insoportable. Se había apagado la llama. Para muchos matrimonios, la convivencia diaria llevó a considerar el divorcio. Sorprendentemente, el salir a trabajar se convirtió en un alivio; al llegar la tarde, la necesidad de calor familiar parecía menos urgente. Esta búsqueda externa de calor llevó a que muchos buscaran consuelo en otros lugares, lo cual tuvo consecuencias trágicas, como el aumento de la ansiedad e incluso el suicidio.

Todos necesitamos el fuego, necesitamos calor; fuimos creados para el fuego. Tanto los hijos como el matrimonio necesitan calor. Cuando el fuego arde en la casa, el matrimonio vive con alegría y amor, y los hijos sienten seguridad, incluso en medio de un mundo difícil. Ellos encuentran paz y seguridad y se sienten parte de la cobertura; se reúnen. Se unen sin necesidad de irse de la casa.

La palabra de Dios dice que todo ayuda para el bien de aquellos que aman al Señor, y yo creo que uno de los propósitos de

EL FUEGO DE DIOS CALIENTA LA CASA

la pandemia fue hacernos dar cuenta de cuánta frialdad había en muchos hogares, para darnos la oportunidad de encender la llama del fuego de Dios y traer calor y amor a toda la familia. Sirvió para comprender lo que nos hace falta. Ahora es el momento de encender el fuego de Dios en nuestros hogares, para que cuando lleguen tiempos difíciles, pasen de largo y no toquen nuestra casa.

 | CUANDO EL FUEGO ARDE EN LA CASA, EL MATRIMONIO VIVE CON ALEGRÍA Y AMOR.

Somos portadores del fuego, por lo tanto, debemos ser los mismos en cualquier lugar o circunstancia que nos encontremos. Sin embargo, hay personas que son felices fuera de su casa, pero infelices dentro de ella. Prefieren pasar horas en un lugar temporario, creyendo conseguir allí el calor que necesitan, pero en realidad es un lugar donde el bienestar dura muy poco.

Hay gente que se muda de pueblo o país y todavía extraña lo que dejó atrás. No convierten ese nuevo lugar en su nueva casa. Así son los cambios. Cuando estamos llenos de Dios, aunque suframos, estamos seguros, tenemos paz. Nuestra paz no depende de nada ni nadie. Mi paz y gozo dependen de cuán lleno estoy de Dios. No podemos ir a buscar fuego de Dios afuera para llegar a la casa y apagarlo. El fuego lo busco en mi casa y lo llevo yo a donde quiera que vaya.

Abraham enseñó a su hijo Isaac una lección importante sobre cómo encender el fuego espiritual en sus vidas. Imagina que Abraham y su hijo estaban caminando juntos, y Abraham puso sobre su hijo la leña, mientras que él llevaba el fuego y el cuchillo. Isaac preguntó sobre el cordero que solía ser ofrecido en sacrificio, y Abraham respondió que Dios proveería el cordero necesario (Génesis 22:6-8). Esta historia nos muestra que debemos llevar nuestra leña como sacrificio para que Dios encienda el fuego espiritual en nuestras vidas provocando milagros.

> MI PAZ Y GOZO DEPENDEN DE CUÁN LLENO ESTOY DE DIOS.

Todos podemos disfrutar juntos del calor, pero necesitamos saber encender nuestro propio fuego en casa para llevarlo a toda la familia y al templo de reunión, a la iglesia. Dios derrama fuego sobre cada uno, pero con el propósito de que siga creciendo. Todo comienza por la llenura de cada uno de manera individual. El esposo, la esposa y siguen los hijos. Todos y cada uno, hasta que la casa entera arda en el fuego de Dios.

Pentecostés fue una manifestación colectiva. Dios quiere derramar el fuego hoy de manera colectiva, lo que conocemos como un avivamiento.

Por eso "lo que no hagas en tu casa", no podrás llevarlo a la iglesia. Al templo llegamos llenos para ofrecer adoración a Dios.

Así, cuando todos cantamos y adoramos, se mueve el poder de Jesucristo y ocurre la teofanía de Dios, trayendo milagros.

 | DIOS QUIERE DERRAMAR EL FUEGO HOY DE MANERA COLECTIVA.

DEBEMOS REUNIRNOS SIEMPRE EN EL ESPÍRITU

Es importante reunirnos en el Espíritu de Dios, porque hasta nuestras palabras encienden o apagan la llama de su fuego.

> "No os embriaguéis con vino, en lo cual hay disolución; antes bien sed llenos del Espíritu, hablando entre vosotros con salmos, con himnos y cánticos espirituales, cantando y alabando al Señor en vuestros corazones; dando siempre gracias por todo al Dios y Padre, en el nombre de nuestro Señor Jesucristo. Someteos unos a otros en el temor de Dios".
>
> EFESIOS 5:18-21

En este pasaje, Pablo anima a los creyentes a ser llenos del Espíritu Santo, lo cual implica una dependencia continua, y una sumisión a la dirección y guía del Espíritu Santo. Nos incentiva a mantener la llama de su fuego ardiendo cuando nos dice que los creyentes deben hablar entre ellos con salmos, himnos y cánticos espirituales, para adorar y alabar a Dios juntos.

Otro pasaje de la Biblia que nos habla de reunirse en el Espíritu se encuentra en la carta de Pablo a los Romanos:

> "Y de igual manera el Espíritu nos ayuda en nuestra debilidad; pues qué hemos de pedir como conviene, no lo sabemos, pero el Espíritu mismo intercede por nosotros con gemidos indecibles".
>
> ROMANOS 8:26

Todo creyente debe reunirse en sumisión para buscar la ayuda y consuelo del Espíritu reconociendo que dependemos de Él y necesitamos su fuego. Lo haremos adorando y alabando a Dios juntos, y buscando la ayuda y consuelo del Espíritu en momentos de necesidad.

El fuego de Dios ha sido la solución que muchos han ignorado por décadas y es la solución de los últimos tiempos. Todavía estás a tiempo, comienza a calentar tu casa ahora, llevándola a las temperaturas espirituales correctas. Es tiempo de volver a la oración familiar. Es tiempo de conversar todos juntos en familia. No esperes más, ahora es tiempo de hacerlo. Si no enciendes ahora el fuego de Dios en tu casa, quizás después sea muy tarde.

> "Pero por cuanto eres tibio, y no frío ni caliente, te vomitaré de mi boca".
>
> APOCALIPSIS 3:16

RECUERDA

- Dios siempre desea traer su calor a nuestras vidas, pero debemos permitirle entrar. No podemos permitir que la rutina se instale, ya sea en la iglesia, el matrimonio, la familia o las amistades. Si convertimos todo en una mera repetición, apagaremos la llama en nuestro corazón y viviremos mecánicamente, sin amor ni pasión. Dios tiene el amor y el calor que nuestras vidas y familias necesitan.

- Mantén viva la llama del fuego de Dios en tus reuniones y en tu vida diaria. Permite que el Espíritu Santo te guíe y consuele, y busca el calor y la ayuda que solo Él puede dar. No dejes que las cosas se vuelvan rutinarias; en cambio, busca la pasión y el fuego que Dios tiene reservados para ti y tu familia.

REFLEXIONA

- ¿Has identificado situaciones rutinarias en tu vida que te hayan hecho perder la pasión por hacerlas?

- ¿Recuerdas la última vez que abrazaste con el calor de Dios a alguien en necesidad?

MIS NOTAS

EL FUEGO DE DIOS CALIENTA LA CASA

CAPÍTULO 7 |

MANTENER LA LLAMA ARDIENDO

AVIVA EL FUEGO DE DIOS EN TU VIDA, NO PERMITAS QUE SE APAGUE, MANTENTE ARDIENDO SIEMPRE.

CAPÍTULO 7

> "Por lo cual te aconsejo que avives el fuego del don de Dios que está en ti por la imposición de mis manos".
>
> 2 TIMOTEO 1:6

NECESITAMOS ARDER EN FUEGO

El experimento de la rana hervida ilustra lo que sucede cuando pones una rana en agua a temperatura ambiente y la calientas muy lentamente hasta que comienza a hervir. Según la creencia popular, la rana permanecerá tranquila porque no se dará cuenta de que el agua se está calentando. El aumento de la temperatura será tan sutil que su cuerpo se irá adaptando al cambio, la adormecerá, hasta que finalmente morirá hervida, casi sin darse cuenta. En cambio, ¿qué ocurriría si lanzaras una rana en una olla de agua hirviendo? Lo lógico es que de inmediato saltará para tratar de escapar.

El experimento de la rana nos enseña una lección profunda sobre la adaptación gradual a situaciones adversas. Cuando los cambios son introducidos gradualmente y de manera imperceptible, las personas (o en este caso, la rana) tienden a adaptarse y tolerar condiciones que, de otro modo, considerarían inaceptables o peligrosas. Esto puede aplicarse a muchas áreas de la vida, desde relaciones personales hasta entornos laborales o incluso decisiones que afectan nuestra salud y bienestar.

A menudo, nos acostumbramos gradualmente a situaciones negativas o estresantes, sin darnos cuenta de los efectos acumulativos que pueden llevarnos a un estado perjudicial. Esta analogía nos advierte que debemos estar alerta y encender la llama del fuego divino, especialmente cuando pasamos por situaciones que no son saludables para nosotros.

Permanezcamos atentos a los cambios sutiles para evitar adaptarnos poco a poco de manera negativa. Así evitaremos la complacencia y el deterioro gradual de nuestras circunstancias.

El experimento de la rana hervida también puede ilustrar lo que hablamos en el capítulo 5 de este libro, respecto a que el fuego ahuyenta los demonios que vienen para atacar. Cuando Satanás viene a tu vida a través de cualquier problema o enfermedad, y ve que estás encendido con el fuego, no tiene más remedio que saltar y huir; pero también nos enseña que, si Satanás ve que estás en un momento de frialdad y pretendes calentarte lentamente, le estarás dando demasiado tiempo y una gran oportunidad de acecharte, y lamentablemente irás muriendo por todo el mal que te traerá el enemigo.

> CUANDO SATANÁS VE QUE ESTÁS ENCENDIDO CON EL FUEGO, NO TIENE MÁS REMEDIO QUE SALTAR Y HUIR.

El libro de Apocalipsis nos advierte que debemos tener temperaturas espirituales elevadas. Sin nuestra llama encendida, si el fuego no arde, no podremos disfrutar de los propósitos del fuego divino. El Señor quiere que seamos cristianos ardiendo en fuego, que el fuego de Dios arda todo el tiempo en nuestra vida, sin bajar la intensidad.

> "Yo conozco tus obras, que ni eres frío ni caliente. ¡Ojalá fueses frío o caliente! Pero por cuanto eres tibio, y no frío ni caliente, te vomitaré de mi boca".
> APOCALIPSIS 3:15-16

LA HISTORIA DE UN ASADO

¿Recuerdas el análisis (casi un poema que recité) de un asado en el capítulo 3? Te comento que a mi esposo no le gusta mucho cocinar, pero sí sabe de asados a la parrilla. Nelson ha logrado entender cómo debe ser la llama para que no se le apaguen las brasas en medio de un asado y así poder terminar de cocinar la carne con excelencia. Aprendió a mantener la intensidad de la llama para que la carne quede irresistible: dorada y crujiente por fuera, pero muy jugosa por dentro. ¡Disculpa, pero se me hace agua a la boca!

Algo parecido quiere Dios de nosotros. Él nos quiere "transformar" mediante el proceso del fuego divino, para que seamos atractivos para las personas de este mundo, tanto por fuera como por dentro. Que ellos sean atraídos a ser como nosotros y a escuchar lo que tenemos para decirles: la predicación poderosa del evangelio de Jesucristo.

Para hacer su asado, mi esposo inicia el fuego utilizando numerosos carbones a los cuales prende fuego (estos carbones sin fuego no cocinarían nada en absoluto). Él se asegura de que la mayoría de los carbones se enciendan, lo cual garantizará que los otros restantes también se enciendan. Sí o sí espera y no pone la carne antes de tiempo, sino cuando todos los carbones están encendidos. Él no tira la carne a la parrilla por más hambrienta que yo esté, o por más que yo trate de apresurarlo. Si Nelson observa que algunos de los carbones encendidos se debilitan e intentan apagarse, busca un cartón grande y comienza a agitarlo provocando un flujo de aire que activa la llama y estos no se apagan, sino que se encienden más fuertes y propagan el fuego.

Así también es la acción del Espíritu Santo de Dios. Cuando se mueve, provoca que ardamos en el fuego de Dios para que nosotros provoquemos que otros también ardan en el mismo fuego.

> "Y de repente vino del cielo un estruendo como de un viento recio que soplaba, el cual llenó toda la casa donde estaban sentados".
>
> HECHOS 2:2

Una vez que todos los carbones se convierten en brasas y ya no hay posibilidad de que puedan apagarse, Nelson comienza el proceso de ir poniendo la carne para que se vaya sellando, procurando que sus jugos no se salgan. Así la carne saldrá muy jugosa, nunca seca. A veces pienso que el asado se va a quemar, pero no. Ahí comienza un proceso que parece una danza, en el que Nelson le da vuelta y vuelta a la carne, arriba de las brasas, cocinándola a la perfección.

Mi esposo también mantiene algunos carbones encendidos después de terminar de cocinar el asado, por si alguien desea un corte más cocido.

El Espíritu Santo de Dios siempre está en movimiento, como al principio de la creación que se movía sobre la faz de las aguas. Cuando estamos llenos de su Espíritu, necesitamos dejarlo que se mueva; no podemos pararlo porque entonces nos apagaríamos y enfriaríamos. Así como Nelson se asegura que los carbones permanezcan encendidos después de terminar el asado, nuestra llama espiritual debe arder constantemente. No debemos permitir que se apague el deseo de orar, ayunar, buscar a Dios y adorarle.

El libro de Apocalipsis nos revela que todos debemos estar ardiendo en fuego; no es algo solo para algunos, sino que toda su iglesia necesita estar encendida (Apocalipsis 3:15-16). Este pasaje enfatiza la importancia de no ser tibio o indiferente en nuestra relación con Dios, sino estar completamente comprometidos y apasionados por Él, siempre viviendo con su fuego y su calor. No sabemos en qué momento o lugar nos podamos encontrar con una situación que atente contra nuestra vida y nos lleve a enfriarnos a tal punto de dejar a Cristo: un problema familiar, matrimonial, una enfermedad, problemas en el trabajo y hasta en nuestra iglesia. Por eso necesitamos mantener la llama del fuego siempre encendida; hemos sido creados para el fuego.

El fuego de Dios te restaura, te levanta y restablece tu comunicación con Él. Te llevará a un estado de unión con el poder de Dios para recibir su bendición y ser de bendición a los demás.

EL ESPÍRITU SANTO
"Y yo rogaré al Padre, y él les dará otro Consolador, para que esté con ustedes para siempre".

JUAN 14:16

No es lo mismo sentirlo que conocerlo. Nosotros comenzamos sintiendo al Espíritu Santo, pero no debemos conformarnos con solo sentirlo, necesitamos también conocerlo. Aunque nuestros hijos están en la casa, no necesariamente conocemos con exactitud cómo está cada uno de ellos en su interior. Puedes estar en tu trabajo a un escritorio de distancia de tu compañero, pero no necesariamente eso te garantiza que lo conozcas. Eso mismo sucede con el Espíritu Santo. Cuando viene a nuestras vidas, podemos sentirlo. Cuando escuchamos una prédica que nos estremece, sentimos al Espíritu Santo. Necesitamos no tan solo sentirlo, sino conocerlo de tal forma que podamos saber lo que está haciendo con nosotros y que podamos vivirlo a pleno. Necesitamos comprender qué nos está sucediendo incluso mientras lo vivimos, y qué es lo que Dios quiere hacer con nosotros a través del Espíritu Santo.

EL FUEGO DE DIOS TE RESTAURA, TE LEVANTA.

Para entender lo que es el Espíritu de Dios, veamos lo que no es el Espíritu Santo: No es una cosa ni un elemento. No es solamente una fuerza, aunque es poderoso. No es una simple emoción, aunque nos consuela y nos da paz. No es un pensamiento pasajero, aunque nos recuerda lo que Jesús ha dicho. No es un mensaje de domingo, aunque Él viene a revelar los mensajes del cielo. No es solo una paloma, aunque se ha manifestado como paloma y es suave y tierno como ella. No es un simple viento, aunque se mueve y es invisible como él; no lo vemos, pero sentimos su presencia. No es únicamente agua, aunque sacia nuestra sed espiritual. No es solo un fuego, aunque purifica con su fuego.

El Espíritu Santo es Dios mismo; contiene todo lo de Dios y extiende su reino en la tierra. El Espíritu Santo es la tercera persona de la Trinidad. Es el aliento eterno o la vida de Dios en los creyentes. Es el administrador de las riquezas y dones de Jesús. Los dones espirituales en cada uno de los creyentes son administrados por Él. El Espíritu Santo nos enseña y nos dirige; Él tiene el manual para utilizar cada don de Dios de acuerdo con sus propósitos. Es el ayudador que Jesús nos envió. Él es Emanuel: "Dios con nosotros". El Espíritu Santo se mueve en el ámbito de nuestro espíritu y nos deja vivir el poder sobrenatural de Dios. Es una persona con mente, voluntad y emociones.

Podríamos llenar un libro completo acerca de este tema, pero en este capítulo te menciono algunos atributos muy importantes sobre el Espíritu Santo. Él es la esencia de la vida misma de Dios. Su presencia revive lo que está muerto, trae orden al caos y llena todo el vacío que pueda existir en una persona.

SU PRESENCIA REVIVE LO QUE ESTÁ MUERTO.

"Y la tierra estaba desordenada y vacía, y las tinieblas estaban sobre la faz del abismo, y el Espíritu de Dios se movía sobre la faz de las aguas. Y dijo Dios: Sea la luz; y fue la luz".

GÉNESIS 1:2-3

El Espíritu Santo es aliento de vida. La palabra hebrea para Espíritu es *rúah*, que también significa aliento, exhalación violenta, viento, respiración, vida y espíritu. Cuando el hombre fue formado por Dios del polvo de la tierra, su cuerpo permaneció inerte, quieto, sin movimiento y la mente del primer hombre estaba sin pensamientos hasta que Dios sopló aliento de vida en él. Entonces este se convirtió en un ser viviente.

> "Entonces Jehová Dios formó al hombre del polvo de la tierra, y sopló en su nariz aliento de vida, y fue el hombre un ser viviente".
>
> GÉNESIS 2:7

El Espíritu Santo sopla la vida de Dios en nosotros. La razón por la que tú y yo estamos en esta tierra y estamos vivos es porque el soplo de vida de Dios llegó a nosotros a través del Espíritu Santo. En el Espíritu, todo está conectado.

> "Por la palabra de Jehová fueron hechos los cielos, Y todo el ejército de ellos por el aliento de su boca".
>
> SALMOS 33:6

> "El ladrón no viene sino para hurtar y matar y destruir; yo he venido para que tengan vida, y para que la tengan en abundancia".
>
> JUAN 10:10

Sin la vida del Espíritu, es imposible agradar a Dios.

> "Mas vosotros no vivís según la carne, sino según el Espíritu, si es que el Espíritu de Dios mora en vosotros. Y si alguno no tiene el Espíritu de Cristo, no es de él".
> ROMANOS 8:9

Él es santo, que significa "separado, único, no contaminado, guardado". El Padre es santo en su esencia, lo que significa que también su Espíritu es santo en su naturaleza esencial.

> "Sino, como aquel que os llamó es santo, sed también vosotros santos en toda vuestra manera de vivir; porque escrito está: Sed santos, porque yo soy santo".
> 1 PEDRO 1:15-16

EL ESPÍRITU SANTO PUEDE SER CONTRISTADO

Si entendiéramos cuán sensible es el Espíritu Santo, nos evitaríamos muchos problemas. Él es muy sensible, tiene emociones.

> "Y no contristéis al Espíritu Santo de Dios, con el cual fuisteis sellados para el día de la redención".
> EFESIOS 4:30

La palabra griega utilizada para contristar es *"lupeo"* que también significa "afligir, entristecer, lastimar". Cuando contristamos al Espíritu, lo apagamos dentro de nosotros y comienza el proceso de sequía y hasta podemos morir espiritualmente. Muchas veces nos contentamos con seguir un método, una fórmula o un programa hecho por hombres; planes sin contar con el Señor, y nos convertimos en personas sin vida, muertos en nuestros propios pensamientos y pecados.

> "Ustedes estaban muertos
> en sus transgresiones y pecados".
> EFESIOS 2:1, NVI

Es decir, pasamos a ser personas que carecen de la vida del Espíritu y del poder sobrenatural de Dios para realizar señales y prodigios.

Como cuando Nelson, al hacer su asado, se asegura que la carne quede sellada para que no pierda sus jugos, así debemos ser sellados con el Espíritu de Dios (Efesios 1:13-14).

EL ESPÍRITU SANTO PUEDE SER APAGADO

Apagar quiere decir "obstruir el flujo, o cortar la fuente de poder".

> "No apaguéis al Espíritu. No menospreciéis las profecías".
> 1 TESALONICENSES 5:19-20

EL ESPÍRITU SANTO PUEDE SER IRRITADO

Cuando nos rebelamos, endurecemos el corazón, y pecamos deliberadamente, afligimos al Espíritu Santo. Esa rebeldía trae rencor, y cuando no perdonamos y desobedecemos la voluntad de Dios, hacemos que se irrite, se enoje y se apague el Espíritu Santo.

> "Más ellos fueron rebeldes, e hicieron enojar su santo espíritu; por lo cual se les volvió enemigo, y él mismo peleó contra ellos".
>
> ISAÍAS 63:10

Con una actitud rebelde, ponemos al Espíritu Santo en la vereda contraria y no le permitimos pelear a favor nuestro. La rebeldía no viene de Dios; ese es el espíritu que Satanás desea establecer. Necesitamos rechazar todo espíritu de rebeldía, todo rencor, toda falta de perdón, para que nuestro corazón viva en libertad. ¡Tenemos la ayuda del Espíritu Santo!

Nuestra libertad viene a través del Espíritu Santo. Si nosotros lo contristamos, viviremos oprimidos, atados a todo lo que no viene de Dios. Pero en la medida que le damos libertad al Espíritu Santo para moverse en nosotros, para darnos instrucciones y utilizar nuestros dones espirituales, viviremos una vida de libertad y llena de su fuego. Muchos quieren ser libres de malos pensamientos, de recuerdos del pasado, quieren ser libres de ataduras demoníacas, buscando donde no deben; pero la verdadera libertad viene a través de la llenura del Espíritu Santo en nosotros y la libertad que le demos a Él.

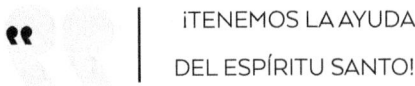

¡TENEMOS LA AYUDA DEL ESPÍRITU SANTO!

Dios le ordenó a Saúl destruir por completo a los amalecitas, pero Saúl y su ejército no cumplieron la orden al dejar con vida al rey y tomar botines. Samuel lo reprende, enfatizando que la obediencia es más importante que los sacrificios. Samuel declara que la rebelión de Saúl equivale a la adivinación y la idolatría, lo que lleva a Dios a rechazarlo como rey. Esta historia ilustra cómo la desobediencia tuvo consecuencias graves para Saúl.

> "Porque como pecado de adivinación es la rebelión, y como ídolos e idolatría la obstinación. Por cuanto tú desechaste la palabra de Jehová, él también te ha desechado para que no seas rey".
>
> 1 SAMUEL 15:23

Debemos ser obedientes y fieles a la palabra de Dios. Debemos vivir por su Espíritu y fuego para no enfrentar las graves consecuencias que pueden tener la desobediencia y la rebelión contra Dios.

El Espíritu Santo es un regalo dado a nosotros por la gracia de Dios como prueba de su amor, y como confirmación de que somos uno con Él en Cristo. Por lo tanto, debe permanecer vivo en nosotros.

> "Por lo cual te aconsejo que avives el fuego del don de Dios que está en ti por la imposición de mis manos"
>
> 2 TIMOTEO 1:6

El Espíritu Santo es el sello de Dios y la marca de su aprobación. Así como mi esposo sella la carne de su asado para que no pierda los jugos que lleva dentro, aquello que está sellado con el Espíritu de Dios tiene su vida, sus características y sus virtudes.

> "En él también vosotros, habiendo oído la palabra de verdad, el evangelio de vuestra salvación, y habiendo creído en él, fuisteis sellados con el Espíritu Santo de la promesa".
>
> EFESIOS 1:13

Tener el sello de Dios significa ser respaldado por su poder en todo lo que hacemos. El mundo también nos identificará como respaldados por Dios. Para que una iglesia, un cristiano, un matrimonio, o una familia, reciban la aprobación o el sello de Dios, el Espíritu Santo debe tener libertad para moverse. Esto no depende del tamaño de la iglesia, ni de lo famosa que pueda ser la persona. Depende de cuánto le permites hacer en ti al Espíritu Santo.

 EL ESPÍRITU SANTO ES EL SELLO DE DIOS Y LA MARCA DE SU APROBACIÓN.

El Espíritu Santo es la evidencia tangible de la presencia divina en nosotros. Su morada en nosotros revela la presencia de Dios y nos conecta con el Padre y el Hijo, sin dejar dudas. Si alguien no experimenta la presencia permanente del Espíritu de Dios, podría indicar que no le está permitiendo obrar. Él es quien manifiesta la presencia divina y despliega su poder para salvar, sanar, liberar y hacer señales y maravillas, y respaldar el mensaje del evangelio. Cada vez que la vida del Espíritu está presente en un hijo de Dios, fluirá poder para hacer maravillas y vivir en libertad.

"Pero recibiréis poder, cuando haya venido sobre vosotros el Espíritu Santo, y me seréis testigos en Jerusalén, en toda Judea, en Samaria, y hasta lo último de la tierra".

HECHOS 1:8

¿CÓMO MANTENEMOS EL FUEGO DE DIOS ARDIENDO?

"Manda a Aarón y a sus hijos, y diles: Esta es la ley del holocausto: el holocausto estará sobre el fuego encendido sobre el altar toda la noche, hasta la mañana; el fuego del altar arderá en él".

LEVÍTICO 6:9

EL ESPÍRITU SANTO ES LA EVIDENCIA TANGIBLE DE LA PRESENCIA DIVINA EN NOSOTROS.

¿Qué debes hacer para mantener esa llama ardiendo todo el tiempo? Necesitas elevar las temperaturas en el Señor. Así como las brasas del asado deben mantener su calor. El fuego encendido sobre el altar nunca debía apagarse; si se apagaba ya no servía para holocaustos. Así habló Jehová a Moisés: el sacerdote debía colocar la leña sobre el altar cada mañana para mantener la llama ardiendo, y poner el holocausto sobre él. Debemos traer madera (todo lo que debe ser cambiado) para ser quemada y transformada, y así mantener la vida en el espíritu encendida. ¡Qué nunca se apague el fuego!

"El fuego arderá continuamente en el altar; no se apagará".

LEVÍTICO 6:13

En el Nuevo Testamento vemos que Jesús vino a traer fuego.

"He venido a traer fuego a la tierra, y ¡cómo quisiera que ya estuviera ardiendo! Pero tengo que pasar por la prueba de un bautismo, y ¡cuánta angustia siento hasta que se cumpla!"

LUCAS 12:49-50, NVI

El deseo de Dios desde el principio fue que tuviéramos comunión perfecta con Él, y que tuviéramos ese fuego ardiendo en nuestras vidas. Pero ese fuego se apagó con el pecado de Adán. Jesús soportó una pesada carga para que se cumpliera lo que Dios había planeado para nosotros. Él desea que recibamos ese fuego que nos da una nueva vida, que nos posiciona en un nuevo lugar, que nos trae abundancia, gozo y paz.

> CADA VEZ QUE LA VIDA DEL ESPÍRITU ESTÁ PRESENTE EN UN HIJO DE DIOS, FLUIRÁ PODER PARA HACER MARAVILLAS Y VIVIR EN LIBERTAD.

El apóstol Pablo le escribe a Timoteo: "...te aconsejo que avives el fuego del don de Dios que está en ti..." (2 Timoteo 1:6).

Además de elevar nuestra temperatura, debemos tratar de llegar a la fase sólida del fuego (a las brasas). En la fase sólida, nada ni nadie nos podrá apagar. Es necesario que el carbón alcance un estado óptimo para evitar que cualquier cosa que pongas allí lo apague. Cuando pones la carne sobre la parrilla, esta comienza a derramar su jugo, su líquido, pero el carbón no se apaga. Sin embargo, si tapamos la parrilla, probablemente la carne se queme, y la grasa apague la brasa. El pecado no se puede esconder ni tapar; si lo hacemos, nos secamos y nos morimos espiritualmente.

DEBEMOS BRILLAR POR SIEMPRE

> "Ni se enciende una luz y se pone debajo de un almud, sino sobre el candelero, y alumbra a todos los que están en casa".
>
> MATEO 5:15

Si destapamos todo lo que hay en nuestro corazón y le echamos fuego, en otras palabras, le damos libertad al Espíritu de Dios, brillaremos al máximo en todo lo que hagamos. Así como con el asado, cuando mi esposo nota que la carne ya está soltando mucho jugo que podría apagar el carbón, destapa la parrilla y comienza a soplar con un cartón para avivar la llama con el viento. Por eso tenemos que llegar a la fase sólida del fuego. En esta fase, no solo sentimos el fuego de su Espíritu, sino que también sabemos que nunca nos apagaremos.

> "Cuando llegó el día de Pentecostés, estaban todos unánimes juntos. Y de repente vino del cielo un estruendo como de un viento recio que soplaba, el cual llenó toda la casa donde estaban sentados; y se les aparecieron lenguas repartidas, como de fuego, asentándose sobre cada uno de ellos. Y fueron todos llenos del Espíritu Santo, y comenzaron a hablar en otras lenguas, según el Espíritu les daba que hablasen".
>
> HECHOS 2:1-4

Aquí vemos cómo el fuego de Dios, la intensidad del fuego de Dios que se manifestó aquel día, repartió lenguas entre todos los que estaban en el aposento alto. Todos fueron llenos del Espíritu Santo de Dios. Aquí aprendemos que debemos mantener una altura espiritual, y no me refiero a creernos más grandes que otros (espiritualmente hablando). Me refiero a una llenura tal que nuestro caminar en esta tierra sea en las alturas junto al Señor. Mientras más altura espiritual tengamos (estar más cercanos a Dios), menos riesgos tendremos de apagarnos. Si volvemos a recordar el día de Pentecostés (Hechos 2:1-4), vemos que todos estaban juntos y unánimes, y de repente vino del cielo un fuerte estruendo como de un viento poderoso, llenando toda la casa donde se encontraban. Lenguas como llamas de fuego aparecieron y se posaron sobre cada uno de ellos. Fueron todos llenos del Espíritu Santo y comenzaron a hablar en diferentes lenguas, según el Espíritu les daba que hablaran. Esta teofanía del fuego divino nos enseña la importancia de mantener una altura espiritual constante, no en términos de orgullo, sino en una comunión profunda con Dios que nos proteja de apagarnos.

¿Qué debes hacer para mantener esa llama ardiendo todo el tiempo? Necesitas elevar las temperaturas en el Señor con lectura de la palabra, oración y ayuno, en una búsqueda ferviente de adoración continua a Dios. Nunca permitas que nada ni nadie venga a apagar la llama de tu vida con problemas, con habladurías vanas. Rechaza todo aquello que venga para apagarte, y elimina lo que no te permita elevar tu temperatura espiritual.

En el Antiguo Testamento, las leyes de los sacrificios establecían que: "El holocausto estará sobre el fuego encendido sobre el altar toda la noche, hasta la mañana; el fuego del altar arderá en él" (Levítico 6:9). Así, el fuego encendido sobre el altar no debía apagarse; en cambio, cada mañana, el sacerdote debía añadir leña y acomodar el holocausto sobre él. Jehová le dio la instrucción a Moisés: "El fuego arderá continuamente en el altar; no se apagará" (Levítico 6:13).

RECHAZA TODO AQUELLO QUE VENGA PARA APAGARTE.

El viento aumenta la provisión de oxígeno y afecta positivamente la dirección y la velocidad de propagación. Afecta la dirección hacia dónde va esa llama y la velocidad con la que se desplaza. Necesitas brillar por siempre, propagar el fuego, recorrer distancias porque hay muchas áreas por cubrir.

La pregunta es, ¿cómo se está calentando tu corazón hoy? ¿Qué hay en tu corazón? ¿Arde la llama en tu corazón? Mientras estés en tu naturaleza de fuego, Dios no dejará de intervenir en las dificultades cotidianas, no dejará de hacer milagros en tu vida, no dejará de restaurar tu matrimonio, no dejará de resolver problemas con tus hijos. No dejará de consumir y eliminar todo aquello que no debe estar allí. Si ardes continuamente, Dios obrará en ti para que tengas una vida nueva y agradable delante de Él.

RECUERDA

- Aprovecha el viento del fuego de Dios que está siendo derramado en los últimos tiempos. Aprovecha la velocidad con la cual viene para traer un avivamiento. Que la llama del fuego de Dios se mantenga alta. Forma parte del pueblo de Dios que mantendrá viva esa llama, en la que Él eliminará todo lo que necesita ser eliminado y purificará todo lo que necesite ser purificado. Vemos que el mundo se pierde, pero no tengas miedo, porque el fuego de Dios, el avivamiento de la llama del fuego de Dios se propagará y muchos recibirán a Cristo como su Salvador. Si ardes continuamente, Dios obrará en ti para que tengas una vida plena y agradable delante de Él.

REFLEXIONA

- ¿Te has ocupado de mantener viva la llama del Fuego de Dios, aprovechando las oportunidades que Dios pone en tu camino?

- ¿Has podido identificar alguna puerta que haya abierto o cerrado Dios en tu vida?

MIS NOTAS

....

....

CAPÍTULO 8 |

EL AVIVAMIENTO QUE NECESITAMOS

> EL AVIVAMIENTO COMIENZA EN EL CORAZÓN, ENCENDIENDO UNA LLAMA QUE TRANSFORMA VIDAS Y RENUEVA ESPERANZAS.

CAPÍTULO 8

> "Oh Jehová, he oído tu palabra, y temí.
> Oh Jehová, aviva tu obra en medio de los tiempos,
> En medio de los tiempos hazla conocer;
> En la ira acuérdate de la misericordia".
>
> HABACUC 3:2

Cuando nos referimos al fuego de Dios, es inevitable no abordar el tema del avivamiento. Recuerdo vívidamente la clara comunicación de Dios en el año 2004, cuando me habló y me anunció que vendría un avivamiento. La decisión de hablar sobre este tema no fue sencilla, pero prefiero compartirlo con el propósito de bendecir en lugar de callar y desesperar.

En el mundo actual, parece que la oscuridad arropa, tornándose cada vez más difícil para muchas personas. El estrés y el miedo se han convertido en una constante en algunas personas, sea por la inseguridad, la incertidumbre del futuro, las enfermedades, la violencia, u otros muchos factores. Esto ha generado una gran cantidad de problemas de salud mental, especialmente la depresión y ansiedad. Estas se han convertido en enfermedades cada vez más comunes. La falta de identidad es otra problemática, entre muchas, que afectan a algunas personas, especialmente a los jóvenes, quienes se encuentran en una búsqueda constante de su lugar en el mundo y su sentido de pertenencia. Todo esto ha llevado a un aumento alarmante de suicidios, una triste realidad que afecta a muchas familias y comunidades.

A veces, todo parece muy impersonal y distante; como cuando vas a comprar comida rápida, y el empleado, en lugar de recibirte con una sonrisa, ni siquiera te saluda con un "¡Hola!" o pregunta "¿Qué desea?". Al entregarte el pedido en la ventanilla, sientes la frialdad que llega como una avalancha. En vez de recibir un trato amable, parece que la soledad de la sociedad intenta envolvernos, como si nos advirtiera que nos acostumbremos de una vez por todas al mundo frío y solitario en el que vivimos.

Es muy duro hablar de esto, pero yo lo he vivido y creo que tú también. Como cuando salgo con mi esposo Nelson, y le digo: "Estamos en un mundo diferente". Un mundo que se ha vuelto frío por la maldad, en donde reina la indiferencia y donde cada uno solo parece preocuparse por sí mismo. Donde la actitud general parece ser: "¡Que cada uno se salve como pueda!" o "¡tengo suficientes problemas como para preocuparme por los tuyos!».

¿QUÉ SE HA PERDIDO?

Una frase que escucho con demasiada frecuencia es: "Yo no quiero que mis hijos pasen por lo que yo pasé", como queriendo decir: "Mis padres me criaron mal y mis hijos no tendrán esa clase de padres. No quiero que sean como yo". Creo que esta frase se origina a partir de las dificultades que algunas personas vivieron, algo común a todos nosotros: vivencias difíciles en la infancia. Sin embargo, soy consciente de que existen formas más efectivas de manejar este sentimiento que simplemente darles a los hijos una medicina que en realidad hubiera sido necesaria para la enfermedad de los padres. Es como darle a un diabético la medicina de un asmático. Mientras los padres sigan lidiando con sus traumas no resueltos, los hijos recibirán tratamiento para algo que no padecen, sin abordar su verdadera enfermedad a lo largo de las generaciones.

Al mirar hacia atrás, es evidente que se han perdido muchas cosas, pero la realidad del mundo actual es que ha surgido una pérdida aún más significativa: la presencia del poder de Dios en muchas vidas. Ese poder que ordena y que da vida y libertad a las personas. Al parecer, no hace falta el fuego del Señor en los hogares, lo que ha llevado a un debilitamiento de los valores y principios que deben regir nuestras vidas. La supresión de la autoridad divina en los hogares debilita todos los aspectos de la humanidad. Esto ha generado una gran cantidad de desacuerdos, especialmente en la relación entre padres e hijos y, por lo tanto, en la sociedad.

Ahora los niños, sin tener conocimiento, deben tomar sus propias decisiones, como queriendo decir que no hacen falta los padres ni el hogar. Vemos padres que andan buscando cómo lidiar con sus hijos, quienes, en muchos casos, han perdido el respeto hacia ellos, así como hacia las normas y valores que deberían guiar sus vidas. Se va perdiendo la conciencia de la importancia de establecer el poder y autoridad de Dios sobre nuestros matrimonios, nuestras familias y nuestros hogares, lo que ha llevado a una falta de armonía y paz en el seno familiar. Necesitamos autoridad, una autoridad como la que pudo ordenar el desorden que menciona Génesis. Lo que vemos hoy parece ser exactamente lo contrario. Casi nos imponen la idea de que nadie debe obedecer a nadie, desdibujando el orden familiar enseñado por las Escrituras y confundiendo los roles. ¡Un verdadero caos!

> **MIENTRAS LOS PADRES SIGAN LIDIANDO CON SUS TRAUMAS NO RESUELTOS, LOS HIJOS RECIBIRÁN TRATAMIENTO PARA ALGO QUE NO PADECEN.**

La sociedad está en constante cambio, y cada vez más personas muestran temor, depresión, pérdida de identidad y frialdad. Esto refleja una tendencia que continúa creciendo y es de mucha preocupación: ser manipuladas. Muchos padres no están seguros de cómo abordar a sus hijos deprimidos y viven aterrados por miedo de cómo sus hijos puedan reaccionar o lo que puedan hacer. Además, casi no se puede corregir a los niños; ahora, la autoridad divina que le fue delegada a los padres, para establecer el orden y el poder de Dios sobre las familias, podría estar dando paso a un desorden diabólico y desmedido. Es como si se les olvidara Efesios 6:1-3: "Hijos, obedeced en el Señor a vuestros padres, porque esto es justo. Honra a tu padre y a tu madre, que es el primer mandamiento con promesa; para que te vaya bien, y seas de larga vida sobre la tierra".

¿Cómo enfrentarán las nuevas generaciones los momentos de tensión y dolor? ¿Qué será lo que realmente deban evadir o permitir? ¿Cuál será la verdadera luz que les brinde la dirección correcta hacia una vida de auténtica libertad y victoria?

NO TODO ESTÁ PERDIDO

Dios siempre tuvo un plan y ¡qué buen plan! Qué bueno que todavía queda un remanente fiel que reconoce lo fundamental que es recuperar el poder que Dios nos da para vencer en nuestros hogares. A través de una vida entregada a la búsqueda de Dios en oración y comunión con Él, y una actitud de respeto y obediencia hacia sus mandamientos, se logra reavivar la llama del fuego de Dios.

> "Mirad, pues, con diligencia cómo andéis, no como necios sino como sabios, aprovechando bien el tiempo, porque los días son malos. Por tanto, no seáis insensatos, sino entendidos de cuál sea la voluntad del Señor".
>
> EFESIOS 5:15-17

Necesitamos criar hijos con temor de Dios, que lo adoren con pasión y que se llenen de su poder y su Santo Espíritu. Solo así podremos edificar hogares fuertes y sólidos, que sean un testimonio vivo del amor y la gracia de Dios. No debemos reemplazar el lugar de Dios en nuestros corazones y hogares por las ideas incorrectas que nos presenta el mundo. Contamos con el poder del Señor y necesitamos restaurarlo en la familia y en el hogar. También restaurar su santa palabra, el Espíritu Santo, su poder y su fuego divino. Josué les dijo a los israelitas en un discurso antes de su muerte:

> "Y si mal os parece servir a Jehová, escogeos hoy a quién sirváis; si a los dioses a quienes sirvieron vuestros padres, cuando estuvieron al otro lado del río, o a los dioses de los amorreos en cuya tierra habitáis; pero yo y mi casa serviremos a Jehová (énfasis añadido)".
>
> JOSUÉ 24:15

TODOS QUEREMOS UN AVIVAMIENTO

El avivamiento en la Universidad de Kentucky muestra que todos anhelamos un avivamiento; muchos creen que esto resolverá todos sus problemas. Hay otros que en su desespero dicen: '¡Quiero que el Señor venga a buscarme ya!', pensando que es una solución o una escapatoria a sus problemas actuales. Pero, en realidad, en Cristo ya tenemos una vida plena. No significa que un avivamiento no cambiará muchas cosas; claro que sí, necesitamos un avivamiento, ya que todo cambia con el poder y fuego divino. Pero todo comienza en nuestros corazones para que se expanda a otros.

> NECESITAMOS CRIAR HIJOS CON TEMOR DE DIOS, QUE LO ADOREN CON PASIÓN Y QUE SE LLENEN DE SU PODER Y SU SANTO ESPÍRITU.

En la historia del paralítico de Betesda (Juan 5:2-8), quien llevaba 38 años en esa condición, Jesús le hizo una pregunta que solo necesitaba ser contestada con un "sí" o un "no". Jesús le preguntó: "¿Quieres ser sano?" (v.6), y aquel hombre, como ya estaba tan acostumbrado a llegar a las aguas después que se habían movido (como esperando que las aguas llegaran a él), en lugar de contestarle a Jesús con un "sí", dio una contestación muy absurda ante la presencia del que todo lo puede, y le contestó: "Señor, le respondió el enfermo, no tengo quien me meta en el estanque cuando se agita el agua" (v.7). De esta historia, yo aprendo varias lecciones: primero, que no debo acomodarme a mis limitaciones; segundo, que, aunque los enfermos tienen necesidades espirituales, a menudo solo buscan satisfacer sus necesidades físicas; tercero, que Dios siempre está en acción, y aunque haya inmovilidad en nosotros, Él nos alcanza; y cuarto, que Dios, en vez de quejas, busca que le creamos y comprendamos que Él siempre tiene la solución a nuestras dificultades.

Luego de la compra de nuestra primera emisora de radio, que era "FM" pero *"Low Power"* (esto significa que su alcance era muy bajo), un hombre le preguntó a mi esposo: *"Nelson, ¿tú vas a invertir en una emisora que no se oye?"*, como queriendo decir que estaba perdiendo tiempo y dinero. Nelson no le contestó, pero sabía muy bien que necesitábamos movernos en fe para entrar en el mundo de las emisoras de radio, y así sucedió. Ese paso que dimos para comprar la pequeña emisora provocó que luego pudiéramos adquirir no solo conocimiento, sino también otras emisoras de radio de muchísimo más alcance. Esto nos recuerda que hay personas que aún esperan un milagro cuando deberían levantarse en fe. ¡No podemos sentarnos a esperar! Nosotros actuamos y Dios hace su parte.

Hemos sido creados para el fuego, de hecho, lo necesitamos. Pero ¿qué sucede cuando aquellos que van a la iglesia y se sienten avivados allí, al regresar a casa, se sienten apagados? ¿Seremos capaces de llevar la experiencia de avivamiento al lugar donde vivimos y a otras partes? Todo comienza en nuestros corazones. Cuando le damos libertad al Espíritu en nuestro corazón, su llama comienza a arder con más fuerza, y su fuego se propaga en nosotros y a nuestro alrededor, encendiendo los corazones de los que nos rodean. Primero a nuestra familia y luego se extiende a la congregación. Así, su llama comienza a llenar y encender nuestras familias, nuestros amigos, nuestra iglesia, y brillamos como diamantes. Entonces, las almas perdidas correrán al altar de Dios; ocurrirán milagros sobrenaturales; llegará la libertad para los encadenados, los endemoniados y los oprimidos. Debemos darle libertad al Espíritu de Dios en nuestros corazones. Esto es fundamental para encender la llama del avivamiento, y para llevar la presencia y el poder de Dios en nuestras vidas y propagarlo como iglesia en el mundo entero.

> "Si vivimos por el Espíritu, andemos también por el Espíritu".
>
> GÁLATAS 5:25

IDENTIFICA LOS RESULTADOS

Tú me dirás, han hablado mucho del avivamiento, pero ¿cómo identifico qué es un verdadero avivamiento?

> "Y el Señor añadía cada día a la iglesia los que habían de ser salvos".
>
> HECHOS 2:47B

Muchos creen que el avivamiento consiste en regocijarnos, saltar y gritar cuando vamos a la iglesia; y aunque es cierto que nos gozamos, es mucho más que eso. El avivamiento tiene muchas características únicas. Es un movimiento sobrenatural del fuego de Dios y su Espíritu Santo, que trae consigo un cambio radical en la vida de los creyentes, en la iglesia y en el mundo entero. Trae una pasión intensificada por Dios, un compromiso ferviente en la oración y el estudio de la Palabra, un renovado amor por Dios y por los demás, así como unidad y humildad profunda. Este avivamiento impulsa al arrepentimiento, a la sanidad, a la liberación, y a una búsqueda de Dios a través de una adoración genuina. Además, lleva en sí un enfoque hacia el evangelismo, la compasión, la justicia y la santidad, provocando que las almas perdidas corran al altar de Dios para recibir a Jesucristo como su Salvador. Como consecuencia, hay un crecimiento de la iglesia. El avivamiento transforma tanto a la iglesia como a la sociedad en general, a medida que los creyentes experimentan una renovación espiritual profunda y un compromiso por la causa del Evangelio. También se pueden ver milagros sobrenaturales que ocurren en medio de la iglesia y en la vida cotidiana de las personas; desde sanidades físicas hasta transformaciones de carácter y conducta.

¡NO PODEMOS SENTARNOS A ESPERAR! NOSOTROS ACTUAMOS Y DIOS HACE SU PARTE.

Un avivamiento elimina la apatía espiritual, la indiferencia hacia Dios y las cosas espirituales. Aviva y levanta líderes, convirtiéndolos en servidores agradecidos por amor a Dios y a su propósito. El avivamiento une matrimonios, familias e iglesias, y también erradica la complacencia del pecado, la superficialidad y la rutina religiosa vacía. Un avivamiento desplaza la división y el conflicto dentro de la iglesia y las familias, promoviendo la unidad, el amor y el perdón. Además, contrarresta la falta de pasión por el evangelismo y la falta de compasión por los necesitados, logrando que muchos vengan a Jesucristo. Un avivamiento elimina las barreras que obstruyen la relación con Dios y el crecimiento espiritual, reemplazándolas por un fervor y devoción renovados hacia Dios y su propósito, donde el Soberano es primero.

EL FUEGO DE DIOS EN EL MUNDO

Hoy más que nunca, necesitamos aprovechar el poder del Espíritu Santo para propagar el fuego de Dios en todo el mundo. La sociedad actual lo necesita con urgencia. Su estado actual lo grita desesperadamente. Es en este contexto que nosotros, como cristianos, debemos levantarnos y llevar el fuego de Dios a cada rincón de la tierra. No podemos permitirnos ser pasivos o conformarnos con vivir una fe mediocre y aislada, cuando Dios nos ha llamado a ser luz en las tinieblas y sal de la tierra. Debemos avivar la llama del Espíritu Santo en nuestros corazones y dejar que su poder nos impulse a ser agentes de cambio y transformación en el mundo.

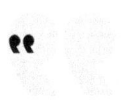

> EL AVIVAMIENTO UNE MATRIMONIOS, FAMILIAS E IGLESIAS, TAMBIÉN ERRADICA LA COMPLACENCIA DEL PECADO, LA SUPERFICIALIDAD, Y LA RUTINA RELIGIOSA VACÍA.

El Espíritu Santo nos da el poder y la autoridad para propagar el fuego de Dios en todo el mundo. Debemos estar dispuestos a salir de nuestra zona de confort, a tomar riesgos y a confiar en la guía del Espíritu Santo para llevar su mensaje a lugares donde este nunca se ha escuchado. Debemos ser testigos valientes de la verdad y el amor de Dios, y no tener miedo de enfrentar la oposición o la persecución. Aprovechemos el poder del Espíritu Santo para ser luz en las tinieblas, y no dejemos que nada ni nadie nos detenga en nuestra misión de propagar el fuego de Dios. Que cada uno de nosotros se convierta en un agente de avivamiento en nuestras casas, trabajos, comunidades y en todo el mundo.

SIEMPRE SEREMOS PROBADOS

La pandemia que afectó al mundo en los últimos años fue una prueba difícil para muchas personas. Muchos de nosotros hemos perdido seres queridos, amigos, trabajos y, en algunos casos, hemos perdido la esperanza. Pero en medio de esta oscuridad, hay una luz que brilla intensamente: la luz de la comunidad que vive para Dios llena de su fuego. La pandemia del 2020 ha separado a muchas brasas. Provocó aislamiento en nuestras vidas. Nos hemos sentido solos y desesperados, sin el apoyo de otros para mantenernos encendidos. Pero también hubo momentos en los que las brasas se han juntado. Hemos visto a personas unirse en solidaridad, cuidar unas de otras y compartir lo poco que tenían. Como, por ejemplo, en nuestra iglesia las personas han intensificado su servicio voluntario en el banco de alimentos que tenemos, para ayudar al necesitado. Hemos visto la bondad y el amor brillando en medio de la oscuridad.

EL ESPÍRITU SANTO NOS DA EL PODER Y LA AUTORIDAD PARA PROPAGAR EL FUEGO DE DIOS EN TODO EL MUNDO.

EL AVIVAMIENTO QUE NECESITAMOS

Ahora más que nunca, necesitamos de otras brasas para que, unidas, podamos mantener nuestro fuego encendido. Como dijo Jesús en su tan conocida oración al Padre, previo a su arresto y crucifixión, narrada en Juan 17. En esta oración, Jesús intercede por sus discípulos y por todos los creyentes que vendrían después de ellos. Él pide que el Padre los proteja del mal y los santifique en su verdad. También ora por la unidad de los creyentes, pidiendo que todos sean uno, así como Él y el Padre son uno.

Luchemos juntos. No podemos permitir que la pandemia ni cualquier otra crisis nos deje hundidos en la tristeza y la desesperación. Necesitamos congregarnos ahora más que nunca, para recibir el alivio que necesitamos para caminar juntos en esta lucha. Permanecer juntos es esencial para mantener nuestras brasas ardiendo. Para que no se apaguen, debemos estar dispuestos a pedir ayuda cuando la necesitemos, y a ofrecer ayuda siempre. Si estamos dispuestos a mantenernos juntos, a pesar de los desafíos que enfrentamos, podemos superar cualquier crisis y salir más fuertes y unidos.

Necesitamos brillar; no podemos esconder la luz de Cristo, porque debe brillar en nuestras vidas para que otros puedan verla y ser atraídos hacia Él. Jesús nos enseña en Mateo 5:14-16 que somos la luz del mundo y que debemos dejar que nuestra luz brille delante de los demás para que puedan ver nuestras buenas obras y glorificar a Dios. No podemos ocultar la luz de Cristo en nosotros; debe ser compartida para que otros puedan conocerlo a Él.

Sin embargo, para compartir la luz de Cristo, primero debemos tenerla. No podemos dar lo que no tenemos, así que debemos asegurarnos de tener una relación con Jesucristo personal y profunda, que mantenga esa llama ardiendo. Debemos buscarlo en oración, leer la biblia y vivir por su palabra; debemos permitir que el Espíritu Santo trabaje en nuestras vidas para ser transformados por Él a su imagen. Solo entonces podremos irradiar la luz de Cristo y mostrar Su amor y verdad al mundo.

> QUE CADA UNO DE NOSOTROS SE CONVIERTA EN UN AGENTE DE AVIVAMIENTO EN NUESTRAS CASAS, TRABAJOS, COMUNIDADES, Y EN TODO EL MUNDO.

Dios nos enciende con su fuego y nos hace experimentar el avivamiento, pero somos nosotros los responsables de avivarlo y propagarlo. Debemos estar dispuestos a dejar que el Espíritu Santo nos guíe y use nuestras vidas para tocar a otros con el amor de Cristo. Debemos ser valientes y audaces en nuestra fe, compartiendo el evangelio sin miedo y viviendo nuestras vidas como un testimonio viviente del poder de Dios. Cuando avivamos el fuego de Dios en nosotros y en los demás, podemos experimentar la plenitud de su presencia y poder en nuestras vidas y en el mundo.

PREPÁRATE PARA LA CRÍTICA

En una ocasión, cuando apenas tenía treinta y ocho años, un músico tuvo el atrevimiento de decirme: "Debes retirarte y dejarle paso a otras cantantes más jóvenes, que tienen un don angelical en la voz". Te comento que para mí no hay edad ni mal tiempo para hacer lo que haya que hacer, lo importante no es la edad o el talento, sino estar en la voluntad de Dios y lleno de su poder y fuego para seguir las instrucciones correctas hacia su voluntad. No creas que fue fácil escuchar y asimilar aquella opinión sincera pero punzante. Tantas cosas pasaron por mi mente, pero lo que no sabía este joven es que yo estaba decidida a hacer lo que tuviera que hacer para Dios. Ya el fuego del Señor ardía en mi corazón.

Es indiscutible darse cuenta de que la iglesia es un punto focal para ser señalado más que nunca. Vemos cómo muchos utilizan estrategias e inventos de última hora para luego culparnos. ¡Como si la iglesia tuviera la culpa de todo lo que está sucediendo hoy! Inclusive, pareciera que muchos utilizan la apologética para tirarle a la iglesia. No te sorprendas de estas cosas; lo mejor que puedes hacer es prepararte para el ataque que viene.

Cuando experimentamos un avivamiento genuino, es probable que seamos objeto de críticas y rechazo por parte de aquellos que no entienden el mover del Espíritu Santo o de los que conocen bien lo que sucederá con un mover como éste. Jesús mismo fue criticado y rechazado por las autoridades religiosas de su tiempo.

> "Mas los fariseos, al oírlo, decían: Este no echa fuera los demonios sino por Beelzebú, príncipe de los demonios".
>
> MATEO 12:24

> "Muchos de ellos decían: Demonio tiene, y está fuera de sí; ¿por qué le oís?".
>
> JUAN 10:20

Lo mismo puede ocurrir con aquellos que se entregan a la obra del Señor a través de su avivamiento. Pero en lugar de temer a la crítica, debemos estar preparados para ella y mantener nuestra confianza en Dios y en la obra que está haciendo en nosotros y en nuestro entorno.

> "Bienaventurados sois cuando por mi causa os vituperen y os persigan, y digan toda clase de mal contra vosotros, mintiendo".
>
> MATEO 5:11

> "Si sufrimos, también reinaremos con él; Si le negáremos, él también nos negará".
>
> 2 TIMOTEO 2:12

Si estamos seguros de que lo que experimentamos es de Dios y está en línea con su palabra, entonces no debemos permitir que las críticas nos desanimen o nos alejen de nuestra misión. En lugar de eso, debemos perseverar en nuestra fe y seguir adelante con la tarea que se nos ha encomendado, confiando en que Dios nos guiará y nos protegerá en todo momento. Prepararse para la crítica también implica estar dispuestos a escuchar y aprender de aquellos que nos cuestionan, y ser humildes para corregirnos y mejorar nuestra forma de hacer las cosas.

El prepararnos para cualquier ataque no quiere decir que no vivimos una vida victoriosa. Por eso, mi llamado para ti con este libro es a regocijarte en el Señor. De esta forma, estaremos envueltos en Su fuego y viviremos ese gran avivamiento.

La llama del Espíritu de Dios está lista para ser derramada sobre nosotros con un poder incomparable. Como está escrito en Joel 2:28: "Y después de esto derramaré mi Espíritu sobre toda carne, y profetizarán vuestros hijos y vuestras hijas; vuestros ancianos soñarán sueños, y vuestros jóvenes verán visiones."

Además, recordemos las palabras proféticas de Sofonías 3:14: "Regocíjate y canta, hija de Sion; da voces de júbilo, oh Israel; gózate y regocíjate de todo corazón, hija de Jerusalén." Este fuego celestial no solo nos consume con su pasión, sino que también nos restaura y nos equipa para ser más que vencedores.

¡Regocíjate y canta, porque en Cristo hemos encontrado la victoria! Su fuego aviva nuestra fe, renueva nuestras fuerzas y nos impulsa a conquistar cada reto con gozo y valentía. Adelante, porque el Señor está con nosotros, y Su victoria es nuestra victoria. ¡Celebremos con alegría porque somos más que vencedores en Cristo Jesús!

RECUERDA

- Un avivamiento es esencial, pero no elimina los desafíos ni evita las críticas. Como Jesús fue criticado, así también podemos serlo nosotros. Sin embargo, debemos mantenernos firmes y confiados en Dios, preparados para enfrentar todo tipo de desafíos y perseverar en nuestra misión. El avivamiento debe empezar en nuestros corazones, con el Espíritu Santo avivando nuestra fe y guiándonos hacia una vida de obediencia y santidad. Este fuego es esencial para encender nuestras vidas, hogares y comunidades, y ser agentes de transformación en el mundo, compartiendo la luz de Cristo con valentía y amor.

REFLEXIONA

- ¿Eres una persona a la que le cuesta procesar las críticas de los demás? ¿O estas críticas te detienen de proseguir?

- ¿Puedes identificar una buena oportunidad que perdiste o dejaste pasar por temor a las críticas?

MIS NOTAS

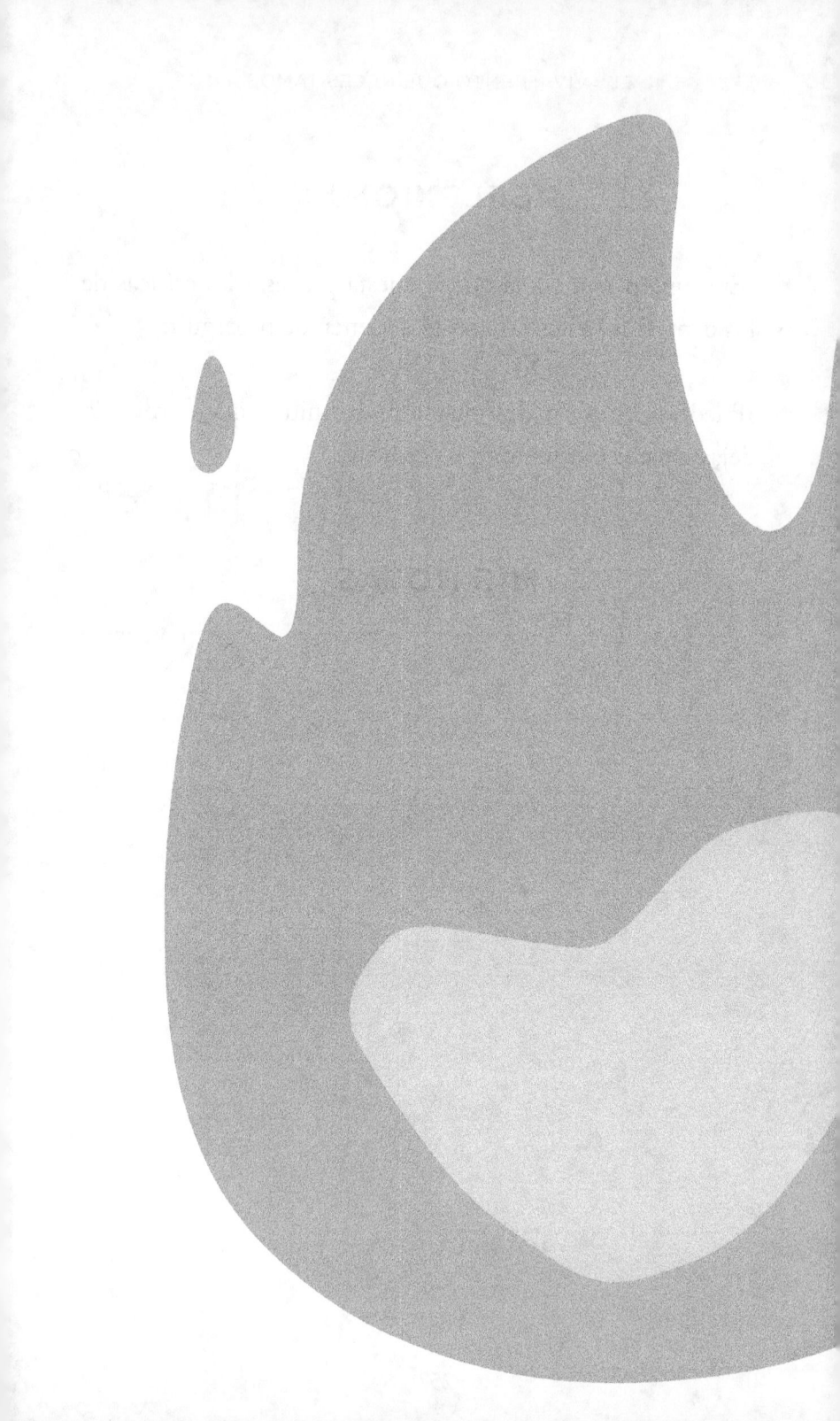

CAPÍTULO 9 |

¿Y AHORA QUÉ?

CUANDO SIENTAS QUE EL MUNDO SE DERRUMBA, DIOS TE DA FUERZA Y PROPÓSITO PARA SEGUIR ADELANTE.

CAPÍTULO 9

Mientras estaba en la etapa final de revisión de este libro, el 7 de octubre de 2023, Israel sufrió un ataque devastador que resultó en numerosas bajas, secuestros y, lamentablemente, niños que fueron víctimas de una violencia desmesurada. La respuesta de Israel fue inmediata, dando inicio a un conflicto armado. Este desolador escenario ha llevado a muchos pastores y predicadores a alertarnos y prepararnos para los "últimos tiempos", para que no continuemos preguntándonos qué sucederá ahora. Coincidentemente, ya había planeado abordar este tema en el libro. Por esta razón, decidí de antemano titular este capítulo: "¿Y ahora qué?".

UNA JOVEN LLAMADA MIGDALIA

Te cuento que soy muy soñadora y desde temprana edad, escribí una lista meticulosa de todas las cosas que anhelaba lograr en mi vida. Desde cantar con mis hermanas, estudiar diseño de moda y coser, ser cosmetóloga, casarme y hasta tener negocios. La lista era mucho más extensa, pero cada meta estaba plasmada en ese papel que guardaba con celo muy cerca de mi corazón. Con el tiempo, comencé a darle vida a mis sueños uno tras otro. Logré cada una de mis metas con éxito y taché de la lista cada uno de los logros cumplidos. Cada vez que lograba uno de mis objetivos, una chispa de alegría se encendía en mi interior. Sin embargo, mientras más logros acumulaba, más sentía que algo faltaba en mi vida.

Un día, mientras observaba a las muchas personas en una celebración, recordé la lista y la repasé una vez más. Había tachado cada uno de mis deseos, pero en lugar de sentir plenitud, sentí intriga, y una pregunta inesperada vino a mi mente: "¿Y ahora qué?" Había llegado a donde me había propuesto llegar, pero mi corazón aún buscaba algo más a pesar de sentirme feliz conmigo misma, mi matrimonio e hijos. Vivíamos un tiempo hermoso en Miami y todo andaba maravillosamente bien. Fue ahí que comencé a descubrir que lo material no es plenitud. Comprendí que los logros terrenales no eran la cima de la montaña, sino solo una parte del viaje.

MIENTRAS MÁS LOGROS ACUMULABA, MÁS SENTÍA QUE ALGO FALTABA EN MI VIDA.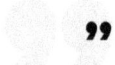

Mientras disfrutaba de aquella celebración y reflexionaba, observé a niños riendo y jugando, y a parejas compartiendo momentos de alegría. De repente, en ese instante, algo cambió dentro de mí, como una brisa inspiradora. Una idea comenzó a florecer en mi mente. Recordé los momentos más significativos de mi vida: los momentos de alegría al cantar con mis hermanas, cuando disfrutaba de coser trajes de novia en la tienda de mis padres, los momentos de risa intensa con amigos, la emoción y el gozo con la llegada de cada uno de mis hijos, las lágrimas de emoción en las bodas y el calor de las conversaciones productivas con familiares y empleados. Fue ahí que me di cuenta de que, aunque había tachado cada logro de mi lista, había mucho más para experimentar.

Una idea comenzó a tomar forma en mi mente y el mismo Señor me contestó la pregunta "¿y ahora qué?". Él me dijo: *"Tu lista de sueños no está completa, le faltan Mis sueños; ahora voy a escribir lo que le falta a tu vida"*. Me di cuenta de que las cosas más valiosas de la vida no se pueden medir en términos de logros materiales, personales o por la edad. Sentí algo nuevo para mí; decidí tomar un nuevo enfoque. En lugar de centrarme únicamente en mis ambiciones personales, mi mente y mi corazón comenzaron a considerar cómo podría hacer una diferencia en la vida de los demás. Desde ese día, el gran mandamiento y la gran comisión comenzaron a tomar vida en mí.

> "Jesús le dijo: Amarás al Señor tu Dios con todo tu corazón, y con toda tu alma, y con toda tu mente. Este es el primero y grande mandamiento. Y el segundo es semejante: Amarás a tu prójimo como a ti mismo".
> MATEO 22:37-39

> "Por tanto, id y haced discípulos a todas las naciones, bautizándolos en el nombre del Padre, y del Hijo, y del Espíritu Santo; enseñándoles que guarden todas las cosas que os he mandado; y he aquí yo estoy con vosotros todos los días, hasta el fin del mundo. Amén".
>
> MATEO 28:19-20

"¡Oh! No se trata solo de mí, se trata de los demás también", pensé. Me di cuenta de que no se trataba de sentirme bien tachando objetivos en una lista para mí, sino que se trataba de una verdadera satisfacción que venía de tocar las vidas de las personas de manera significativa.

> "NO SE TRATA SOLO DE MÍ, SE TRATA DE LOS DEMÁS TAMBIÉN".

Al mirar hacia atrás, me doy cuenta de haber vivido buscando sentirme completa en todos los lugares equivocados. Que los logros terrenales eran solo una parte de la ecuación, pero que el verdadero sentido de plenitud y propósito provenía de amar a Dios y a los demás, a través de una relación estrecha con Él para forjar conexiones profundas y hacer una diferencia real en el mundo.

Así que, con una sonrisa en el rostro y el corazón lleno de gratitud, dejé de perseguir solo mis sueños personales y comencé a abrazar un nuevo propósito que no era el mío, sino el de Dios: ser una fuente de amor y compasión en el mundo que me rodeaba. En este camino, descubrí que la plenitud no reside en las posesiones ni en los logros personales, sino en las huellas de amor y bondad que dejamos en el corazón de los demás, mientras cumplimos los propósitos del ser más maravilloso que podamos experimentar y que nos ha amado tanto: Cristo Jesús.

> LA PLENITUD NO RESIDE EN LAS POSESIONES NI EN LOS LOGROS PERSONALES, SINO EN LAS HUELLAS DE AMOR Y BONDAD QUE DEJAMOS EN EL CORAZÓN DE LOS DEMÁS.

Con esta experiencia, también enfrenté retos que me ayudaron a hacer aquel cambio para lograr el nuevo llamado que Dios me asignaba. Tuve que ir a la Palabra y encontré tesoros que me han ayudado a vivir entregada con amor y pasión al que todo se lo merece, nuestro Salvador, y que me ayudaron también a darme cuenta de que hay mucho más por lograr, y que las metas no son temporales sino eternas. Desde aquel momento, volví a activar una nueva lista de metas en la que hasta el día de hoy sigo escribiendo lo que Dios me pida. Esta nueva lista aún no se termina; es como si todos los días el mismo Dios va añadiendo nuevas metas según sea la necesidad de este mundo que lo necesita a Él.

LAS IGLESIAS DEL APOCALIPSIS

El apóstol Juan, mientras estaba exiliado en la isla de Patmos, tuvo una experiencia espiritual profunda, un encuentro divino (Apocalipsis 1). Durante este tiempo trascendental, recibió una visión para las iglesias que enfatizaba, con urgencia, que el tiempo se acerca y que es imprescindible hacer una evaluación espiritual.

> "Examinaos a vosotros mismos si estáis en la fe; probaos a vosotros mismos. ¿O no os conocéis a vosotros mismos, que Jesucristo está en vosotros, a menos que estéis reprobados?".
>
> 2 CORINTIOS 13:5

Examinarnos es importante porque, al hacerlo, logramos tres cosas fundamentales. En primer lugar, reconocer nuestras limitaciones como humanos, lo que nos lleva a reconocer que sin Dios somos incapaces de ver nuestros propios defectos. En segundo lugar, nos lleva a entregarnos en las manos de Dios, al reconocer que necesitamos la ayuda de Él para que examine lo que nosotros no somos capaces de ver. Y, en tercer lugar, exaltar a Dios en todo, al reconocer que hemos sido purificados con su fuego y poder.

> "Examíname, oh Dios, y conoce mi corazón;
> Pruébame y conoce mis pensamientos;
> Y ve si hay en mí camino de perversidad,
> Y guíame en el camino eterno".
>
> SALMOS 139:23-24

Dios es el único que tiene completo y perfecto conocimiento de nuestros corazones, pensamientos y acciones. Él es el único que puede juzgar con justicia y discernir nuestras motivaciones más profundas (Jeremías 17:10). A través de su Espíritu Santo, Dios también puede revelarnos áreas de pecado o necesidad de crecimiento espiritual. Su evaluación espiritual es completa y basada en su conocimiento infinito, para llevarnos a caminos de rectitud y a vivir preparados para cuando Él nos venga a buscar. ¿De qué nos vale todo lo que queramos alcanzar si a la larga no estamos en los propósitos eternos que Dios tiene para nosotros? Sin una evaluación espiritual, es como navegar sin brújula en un océano inmenso sin saber hacia dónde vamos.

> DIOS ES EL ÚNICO QUE TIENE COMPLETO Y PERFECTO CONOCIMIENTO DE NUESTROS CORAZONES, PENSAMIENTOS Y ACCIONES.

Las iglesias que vamos a analizar estaban viviendo tiempos difíciles, con persecuciones y pruebas externas, así como nosotros también hoy enfrentamos tiempos complicados. Los problemas de estas iglesias son comunes y relevantes para las iglesias a lo largo de la historia. Son un modelo para la Iglesia de Cristo en general, y nos invitan a hacernos un diagnóstico en este tiempo. La exhortación a estas iglesias son un llamado al arrepentimiento y la renovación para recibir la recompensa eterna.

En todos los mensajes dirigidos a cada una de las iglesias, encontramos varios procesos en común que se repiten, y que quiero compartirte antes de detallar lo que he aprendido de cada una de estas iglesias. En primer lugar, observamos una presentación del que habla. Presta atención a cómo se presenta el que les habla a las iglesias. Estas presentaciones dejan en claro sin lugar a duda, a cada iglesia y a nosotros, que el que habla y las evalúa es el mismísimo Dios.

> LAS METAS NO SON TEMPORALES SINO ETERNAS.

Para cada iglesia, encontramos "elogios y críticas" que son comentarios constructivos que señalan las áreas buenas y las que deben mejorar. Estas iglesias también reciben "advertencias" que se utilizan para señalar consecuencias negativas potenciales cuando existen comportamientos inadecuados. Por supuesto que no faltan las "recompensas" para los que vencieren, y así reforzar el buen comportamiento y dar motivación a seguir haciendo lo bueno. El Señor desea que no pasemos por alto cada uno de estos procesos en nuestras vidas, porque están interconectados para fomentar el crecimiento de nuestro carácter espiritual y el cumplimiento de los propósitos divinos para cada uno de nosotros.

Finalmente, cada iglesia recibe un llamado a través de la maravillosa frase: "El que tiene oído, oiga lo que el Espíritu dice a las iglesias". Como si estuviera recordándonos que, aunque en los momentos difíciles pareciera que Dios no nos habla, Dios no ha cesado de hablar, que Él continúa comunicándose intensamente con su Iglesia, la cual prepara y viene a buscar. Esta frase nos recuerda que lo que está en juego es nuestro sentido auditivo espiritual, el cual debe ser afinado mucho más para recibir las enseñanzas divinas que nos preparan para las recompensas eternas.

El mensaje de Apocalipsis a cada iglesia me enseñó muchas verdades y tesoros que todavía necesitamos aplicar hoy. Verdades que he llamado: Los siete pilares para los últimos tiempos. Una evaluación espiritual, como la que tuvieron estas iglesias, es esencial para cada uno de nosotros; para así poder identificar nuestras fortalezas y debilidades espirituales y así poder estar listos y llenos del fuego de Dios cuando Él regrese a buscarnos. Cada mensaje es una evaluación de Dios que nos muestra dónde pudiera estar nuestra fragilidad, pero a la misma vez nos da la solución para estar listos.

En este último capítulo, te comparto los siete pilares para los últimos tiempos que mantienen mi lista de metas activa y en constante evolución, recordándome siempre que la vida es un viaje de crecimiento y aprendizaje. Me recuerda que cada logro alcanzado es un paso hacia adelante, pero también es una oportunidad para reflexionar sobre el camino recorrido y el camino que aún queda por explorar. Estos pilares no son solo los objetivos cumplidos, sino también las lecciones aprendidas, las relaciones fortalecidas y las experiencias que forjan nuestro carácter.

LA VIDA ES UN VIAJE DE CRECIMIENTO Y APRENDIZAJE.

A medida que sigo buscando nuevas metas y desafíos en el propósito divino, estos pilares se convierten en brújulas que me guían incluso cuando enfrento obstáculos. La vida es un cúmulo de momentos y metas, y estos tesoros son los destellos de luz que aún siguen iluminando mi camino y me inspiran a seguir adelante con pasión y determinación.

La Biblia afirma:

> "Todo tiene su tiempo, y todo lo que se quiere debajo del cielo tiene su hora".
>
> ECLESIASTÉS 3:1

Este pasaje bíblico nos lleva a reflexionar sobre la vanidad o futilidad de la vida humana, y cómo las experiencias y esfuerzos humanos, sin una perspectiva divina, pueden llevarnos a vivir sin propósito, ubicándonos fuera de tiempo. A continuación, te comparto lo que he aprendido de las iglesias del Apocalipsis, enseñanzas que le dan luz a nuestros días.

IGLESIA DE ÉFESO

"Escribe al ángel de la iglesia en Éfeso: El que tiene las siete estrellas en su diestra, el que anda en medio de los siete candeleros de oro, dice esto: Yo conozco tus obras, y tu arduo trabajo y paciencia; y que no puedes soportar a los malos, y has probado a los que se dicen ser apóstoles, y no lo son, y los has hallado mentirosos; y has sufrido, y has tenido paciencia, y has trabajado arduamente por amor de mi nombre, y no has desmayado. Pero tengo contra ti, que has dejado tu primer amor. Recuerda, por tanto, de dónde has caído, y arrepiéntete, y haz las primeras obras; pues si no, vendré pronto a ti, y quitaré tu candelero de su lugar, si no te hubieres arrepentido. Pero tienes esto, que aborreces las obras de los nicolaítas, las cuales yo también aborrezco. El que tiene oído, oiga lo que el Espíritu dice a las iglesias. Al que venciere, le daré a comer del árbol de la vida, el cual está en medio del paraíso de Dios".

APOCALIPSIS 2:1-7

Con todo el elogio a Éfeso, podríamos pensar que no le hacía falta nada más, que estaban haciendo todo perfecto. Pero no es lo mismo hacer buenas obras por repetición que hacerlas por la motivación correcta. La primer parte del mensaje a Éfeso alaba su tenacidad, paciencia y habilidad para distinguir entre los verdaderos y falsos apóstoles. También destaca su desprecio por las herejías de los nicolaítas. Características dignas de elogio.

Pero luego les advierte sobre un grave descuido: han dejado de lado su primer amor, aquel fervor y pasión inicial por Él y su mensaje. En otras cosas, les advierte que: la verdadera esencia de un acto de bondad radica no solo en la acción en sí, sino en la visión e intención que lo impulsa. Si hacemos obras sin una intención correcta, es como no hacer nada.

¿Por qué perdemos el primer amor? La respuesta incluye varias razones, pero en gran parte considero que el ser humano tiende a convertir lo que hace repetidamente en una rutina. Ir a la iglesia, cantar, servir, leer la Biblia, orar, ofrendar, trabajar, cocinar. Todos son ejemplos de lo que Dios desea que hagamos, pero los buenos hábitos se pueden convertir en una carga cuando quitamos la pasión y la visión. Llegando al punto de, por no cargar con este peso, tomar la decisión que vemos que tomó Éfeso: abandonar. ¿Abandonar qué? El primer amor. Lo que nos puede llevar a abandonar también la iglesia, los puestos que tenemos y hasta la familia; en muchos casos, son los padres o madres quienes abandonan sus matrimonios e incluso sus hijos por cansancio.

Éfeso tomó la decisión de abandonar el primer amor, igual que una persona cansada que, al sentir hastío y no saber cómo resolverlo, opta por abandonar. Esta iglesia dejó atrás lo que nunca debió haber abandonado. Si vamos a renunciar a algo, que sea a las adicciones, a los enojos, al pecado, a la falta de perdón, al miedo y a la ansiedad, entre muchas otras cosas. Pero abandonar la relación estrecha y la pasión por nuestro Señor es un grave error, tanto en el presente como en cualquier momento.

 LA VERDADERA ESENCIA DE UN ACTO DE BONDAD RADICA NO SOLO EN LA ACCIÓN EN SÍ, SINO EN LA VISIÓN E INTENCIÓN QUE LO IMPULSA.

Es esencial que evitemos convertir nuestras acciones en rutinas monótonas. Dios no desea que nos comportemos como autómatas, repitiendo tareas de manera rutinaria y sin propósito, y mucho menos sin darle la gloria al Creador.

No sé si te has dado cuenta, pero hay alguien que sí es rutinario. Es el enemigo de las almas que repite sus estrategias como si no nos diéramos cuenta de que no son muchas. En una ocasión, le preguntaba a un pastor: *"¿Por qué siempre nos atacan a mi esposo y a mí por lo mismo?"*. Y este pastor nos contestó: *"Porque Satanás siempre te ataca por tus fortalezas, para tratar de debilitarte. El enemigo quiere cansarte para que sientas molestia y abandones las cosas primordiales"*. El enemigo conoce todo lo que Dios te ha dado e intenta utilizar estrategias que entorpezcan tu propósito y llamado. Él no va a atacar tus debilidades, sino tus fortalezas. Por eso digo que el rutinario es Satanás, porque necesita atacar repetidamente lo mismo, hasta que abandones lo que Dios ha puesto en ti. Los ataques del enemigo no deben debilitarte; al contrario, muestran tus fortalezas, revelan tus dones, talentos y propósitos divinos.

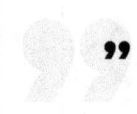

ES ESENCIAL QUE EVITEMOS CONVERTIR NUESTRAS ACCIONES EN RUTINAS MONÓTONAS.

Éfeso mostró diligencia, discernimiento y un alto nivel de compromiso, esfuerzo, perseverancia y resiliencia. Incluso podían discernir. Sin embargo, Éfeso también mostró un espíritu de abandono a la pasión y celo en su relación con Dios, y su devoción inicial con Cristo se vio disminuida. Esto nos recuerda y advierte que la vida en Cristo nunca debe convertirse en una rutina, porque podemos perder las armas que el Señor nos ha dado para vencer. Por el contrario, estaríamos optando por hacer las cosas como las hace el rutinario mayor, Satanás.

Dios no es rutinario, al contrario, Él es un Dios de planes bien hechos, y si tiene que hacer cosas nuevas para cumplir su plan que está bien diseñado, Él las hará hasta cumplir sus propósitos.

> "Y el que estaba sentado en el trono dijo: He aquí, yo hago nuevas todas las cosas. Y me dijo: Escribe; porque estas palabras son fieles y verdaderas".
> APOCALIPSIS 21:5

¿Y AHORA QUÉ?

Esta revelación de Éfeso nos remite a las palabras de Pablo en Efesios 6:10-18, donde nos aconseja fortalecernos en el Señor, y en el poder de su fuerza. A vestirnos de toda la armadura de Dios, para que podamos estar firmes contra las asechanzas del diablo. Nos recuerda que no tenemos lucha contra sangre y carne, que nuestra lucha es contra principados, potestades y contra gobernadores de las tinieblas de este siglo. Nos exhorta a recordar que luchamos con huestes espirituales de maldad en regiones celestes y nos anima a tomar toda la armadura de Dios, para que podamos resistir en el día malo y permanecer firmes. Pablo nos enseña la importancia de mantenernos firmes sin cansarnos, sin abandonar nada. Nos exhorta a recordar las armas de la milicia. Ceñirnos con el cinturón de la verdad. Que usemos nuestro calzado con la disposición de proclamar el evangelio de la paz. Nos exhorta a tomar el escudo de la fe, con el cual podemos apagar todas las flechas encendidas del maligno. Además, nos anima a tomar el casco de la salvación y la espada del Espíritu, que es la palabra de Dios. Pablo nos recuerda que oremos en el Espíritu en todo momento, con peticiones y ruegos, y nos insta a mantenernos alertas y perseverar en la oración por todos los creyentes (Efesios 6: 16-18).

¿Ves? Nunca debemos abandonar lo que con tanto amor el Señor nos ha dado; nosotros somos los vencedores. El fuego de Dios es más necesario que nunca. Es su fuego el que no permite que se apague esa pasión, esa búsqueda, esa llama de fuego por la familia, el matrimonio y hasta la iglesia.

DIOS NO ES RUTINARIO, AL CONTRARIO, ÉL
ES UN DIOS DE PLANES BIEN HECHOS.

Luchemos por no caer en el aburrimiento y lo repetitivo. Luchemos para no abandonar y dejarlo todo. Dios nos ha dado grandes propósitos y cansarnos nos llevaría a perder lo más grande, una relación estrecha con el Señor. Más bien, revivemos esa devoción que tuvimos al principio y tomemos esas armas de la milicia con las que apagamos los ataques del maligno; de lo contrario, enfrentaremos consecuencias severas.

Finalmente, te recuerdo la promesa que le fue dada a la iglesia de Éfeso, luego de instar a oír al Espíritu del Señor: "El que permanece firme y vence tendrá una recompensa celestial".

IGLESIA DE ESMIRNA

¿A quién le gusta la corrección? A nadie, ¿verdad? En nuestro camino espiritual, que no es perfecto, a veces necesitamos algunos ajustes que nos hacen mucho bien. Pero hay una tendencia que el Señor desea eliminar de nuestras mentes, y es molestarnos cada vez que somos amonestados.

Si hay algo que Dios está haciendo en estos tiempos es estrechar la relación de su Iglesia con Él, porque sabe que se avecinan ataques contra ella y que necesita estar más cerca y apegada a su presencia, para poder resistir en el día malo. El Señor nos corrige porque nos ama y quiere restaurar la pureza, la unidad y el amor. Como dice Hebreos 12:6 (NVI): "Porque el Señor disciplina a los que ama, y azota a todo el que recibe como hijo".

> "Y escribe al ángel de la iglesia en Esmirna: El primero y el postrero, el que estuvo muerto y vivió, dice esto: Yo conozco tus obras, y tu tribulación, y tu pobreza (pero tú eres rico), y la blasfemia de los que se dicen ser judíos, y no lo son, sino sinagoga de Satanás. No temas en nada lo que vas a padecer. He aquí, el diablo echará a algunos de vosotros en la cárcel, para que seáis probados, y tendréis tribulación por diez días. Sé fiel hasta la muerte, y yo te daré la corona de la vida. El que tiene oído, oiga lo que el Espíritu dice a las iglesias. El que venciere, no sufrirá daño de la segunda muerte".
>
> APOCALIPSIS 2:8-11, NVI

Para la iglesia de Esmirna no hubo quejas, como es el caso de otras iglesias, pero sí hubo una corrección. Los cristianos de esta iglesia enfrentaban persecuciones severas por parte de las autoridades romanas, como de la comunidad judía no creyente, que los debilitaba. No solo se menciona pobreza en Esmirna, también se menciona difamación, violencia y amenazas a sus vidas, por mantenerse firmes en su fe cristiana. Dios desea que no te sientas aplastado o vencido en tiempo de persecución. Esmirna se veía pobre, cuando realmente tenía grandes riquezas espirituales. Por lo tanto, necesitaba una corrección para que no perdiera esas riquezas.

Una de las cosas importantes que debemos entender de Dios, es que Él siempre va a proyectar hacia el futuro, porque tiene planes muy precisos que cumplirá, y no quiere que sus hijos estén ajenos a ellos. Como dice Jeremías 29:11 (NVI): "Porque yo conozco los planes que tengo para ustedes —afirma el Señor—, planes de bienestar y no de calamidad, a fin de darles un futuro y una esperanza".

El futuro para Dios es importante. Él quiere que tú estés al tanto y que consideres con objetividad el futuro. El Señor tiene preparado para su pueblo un futuro extraordinario y hermoso. Por supuesto que lo que Dios no quiere es que te afanes por el futuro, pero desea que mires hacia adelante con mucha alegría y esperanza.

> "Así que, no os afanéis por el día de mañana, porque el día de mañana traerá su afán. Basta a cada día su propio mal".
> MATEO 6:34

El afán te ciega y te saca del camino correcto, te lleva a mirar lo que no debes. En estos tiempos, vemos a muchas personas que, a raíz de las guerras y catástrofes que suceden en distintas partes del mundo, quieren saber qué es lo que va a suceder. No digo que no debamos saber. De hecho, es importante conocer las profecías bíblicas para estar preparados. Sin embargo, es justo en este punto donde las cosas se complican: muchos están ansiosos por el "cuándo", queriendo conocer el momento exacto cuando se cumplirán las palabras del Señor, en lugar de esforzarse por comprender con templanza y humildad sus fortalezas y debilidades. Esto les permitiría corregirlas a través de la palabra de Dios y estar preparados para el gran día que aguarda a la Iglesia de Cristo. Es como si conocer el "cuándo" nos asegurara la salvación. Sin embargo, el momento en que obtuvimos la salvación ya ocurrió hace más de dos mil años en la cruz del Calvario. Aquellas personas que hoy buscan ansiosamente el "cuándo" de los eventos futuros parecen estar motivadas por el miedo al porvenir. Temen perderse algo y olvidan disfrutar el presente, que nos brinda un futuro esplendoroso y brillante, un tiempo de gozo y de salvación.

Lo que realmente Dios no quiere es que te afanes por el futuro. Debemos estar listos para lo que Él tiene preparado, pero sin el afán que viene a atacarnos, debilitarnos y desenfocarnos. Así como la palabra de Dios dice que cada día trae su propio afán, también nos dice que cada día lo hizo Jehová y que debemos gozarnos y alegrarnos en Él (Salmos 118:24).

EL FUTURO PARA DIOS ES IMPORTANTE. ÉL QUIERE QUE TÚ ESTÉS AL TANTO Y QUE CONSIDERES CON OBJETIVIDAD EL FUTURO.

Los tiempos que estamos enfrentando no son fáciles, especialmente para aquellos que no conocen a Cristo y su palabra. Sin embargo, estos momentos tienen un propósito definido y claro que el Señor ha determinado, como afirma el Salmo 46:10: "Estad quietos, y conoced que yo soy Dios; Seré exaltado entre las naciones; enaltecido seré en la tierra". Estad quietos no significa no prepararse. Estad quietos significa estar tranquilos y confiados, esperando con alegría y sin afán nuestra victoria a través de Cristo. Victoria que está muy cerca. Estad quietos incluye confianza de nuestra identidad en Cristo, fe que mueve montañas y vida dedicada a servir al único y verdadero Dios.

El Señor nos pide que sepamos poner límites y reconocer hasta dónde podemos llegar. Quiere que entendamos nuestras necesidades y límites, aunque no conozcamos exactamente el futuro. (Mateo 24:36). Debemos confiar en Dios y acercarnos más a Él, sin sentirnos vencidos o asustados por cosas externas. Nuestro guía debe ser Él, y no debemos preocuparnos demasiado. El Señor quiere que reconozcamos que nuestras batallas más difíciles a menudo pueden ser con personas cercanas o de nuestra propia familia, o con aquellos que nos señalan por ir mucho a la iglesia y buscar mucho a Dios, intentando apagar el fuego de su Espíritu en nosotros.

A través de la iglesia de Esmirna, aprendemos que Dios nos muestra señales de los últimos tiempos (un período de pruebas y desafíos). Nos advierte que habrá quienes intenten confundirnos y hacernos sentir desamparados, pero no debemos creer en eso y en cambio estar preparados y saber qué esperar. La Biblia, en Mateo 24:12, dice que la maldad en el mundo aumentará y como resultado, el amor o la caridad de muchos se enfriará, indicando un tiempo en el que habrá más maldad y menos amor en el mundo. Pero Dios nos libra de esa frialdad.

No dudo que, al igual que yo, tú también debes estar viendo estas señales. Muchos de los que antes nos amaban ya no nos aman tanto, nos señalan sin piedad. Otros prefieren el conocimiento de la Palabra, pero no practican el amor en sus vidas; están llenos de ignorancia. El ejemplo de Esmirna nos muestra que todo esto es parte de lo que vamos a enfrentar, pero que no debemos amedrentarnos.

Es importante entender que Dios conoce nuestras debilidades y limitaciones mejor que nosotros mismos, pero debemos confiar que Él nos ha hecho fuertes. El Señor quiere que comprendamos que, durante momentos difíciles, ya sea en el ámbito político, familiar o en cualquier aspecto de la vida, no estamos solos ni desposeídos. Poseemos una riqueza que muchos no logran encontrar, pero esta riqueza no es material. En estos momentos, lo más valioso es conocer a Cristo y vivir una vida de fe profunda en sus promesas. Él nos consuela en tiempos de sufrimiento y persecución. No debemos tener miedo del futuro, incluso si vienen tiempos difíciles. En cambio, debemos ser fieles hasta el final para recibir la corona de la vida.

Dios quiere que entiendas qué cosas pueden afectarte y cuáles no deberían hacerlo. Te motiva a determinar claramente lo que permites en tu corazón. En una cultura que a menudo busca satisfacción rápida y reconocimiento superficial, es fácil distraerse y perder de vista lo esencial. En un mundo lleno de distracciones, es importante no temer a la persecución ni sentirse menos fuerte que aquellos que vienen a atacar con poder ficticio. No permitas que nadie te haga sentir débil o necesitado, pues hay una recompensa segura esperándote. Puedes confiar en eso. Dios desea que seamos como el profeta Balaam, quien fue tentado por el rey Balac de Moab para maldecir a Israel. Sin embargo, Balaam se negó a hacerlo, demostrando su fortaleza y fidelidad a Dios. Mira lo que dijo:

> "Dios no es hombre, para que mienta,
> Ni hijo de hombre para que se arrepienta.
> Él dijo, ¿y no hará?
> Habló, ¿y no lo ejecutará?".
> NÚMEROS 23:19

Dios desea que nos enfrentemos a las dificultades con la certeza de quién es Él, y que aprendamos a controlar nuestras emociones. No debemos permitir que las presiones externas, ya sean de grupos, familiares o gobiernos, afecten nuestro estado emocional. Como dice Lucas 9:62, aquel que empieza a arar y luego mira atrás no está listo para el reino de Dios. Nosotros no debemos retroceder. La iglesia de Esmirna, aunque pobre materialmente, era rica en espíritu, y eso es lo que Dios busca en nosotros: fortaleza espiritual. Existe una diferencia entre un cristiano saludable y uno débil: ante el conflicto, el cristiano saludable crece espiritualmente, mientras que el débil se descontrola y pierde sus riquezas espirituales.

 | LO MÁS VALIOSO ES CONOCER A CRISTO Y VIVIR UNA VIDA DE FE PROFUNDA EN SUS PROMESAS.

Esperamos que cada desafío que enfrentes hoy no te aleje del futuro que Dios ha preparado para ti. Que podamos fortalecernos y mantenernos fieles a Dios, porque no ser fieles es como temerle al futuro. Esto es similar a lo que el Señor le dijo a la iglesia de Esmirna:

> "No temas en nada lo que vas a padecer. He aquí, el diablo echará a algunos de vosotros en la cárcel, para que seáis probados, y tendréis tribulación por diez días. Sé fiel hasta la muerte, y yo te daré la corona de la vida".
> APOCALIPSIS 2:10

Iglesia, hay una sola manera de vencer y es a la manera de Dios, aunque seamos corregidos. Porque Él conoce muy bien nuestros pensamientos y debilidades y desea que nos mantengamos fieles a Él y a su palabra: "Porque la palabra de Dios es viva y eficaz, y más cortante que toda espada de dos filos; y penetra hasta partir el alma y el espíritu, las coyunturas y los tuétanos, y discierne los pensamientos y las intenciones del corazón" (Hebreos 4:12).

En estos tiempos, la voz que debería guiarnos es la de Dios, y es natural que Él nos corrija, porque nos ama y no quiere que nos perdamos todo lo bueno que tiene preparado para nosotros. Como iglesia, enfrentaremos persecuciones, pero no estamos derrotados. Lo importante es cómo decidimos enfrentar los conflictos. Debemos reflexionar sobre la corrección amorosa de Dios y hacer una introspección, preguntándonos: ¿Qué tan importante es para mí el futuro que Dios tiene planeado? ¿Cómo me estoy preparando para ese gran futuro? ¿Estaré listo para el futuro que Dios ha preparado para mí?

No olvides este versículo:

> "Toda la Escritura es inspirada por Dios y útil para enseñar, para reprender, para corregir y para instruir en la justicia, a fin de que el siervo de Dios esté enteramente capacitado para toda buena obra".
>
> 2 TIMOTEO 3:16-17, NVI

Recuerda que la palabra de Dios es útil para corregir y enseñar, lo que contribuye a la pureza de nuestros corazones y a la instrucción en la justicia. La palabra del Señor no nos divide, más bien, nos une como cuerpo de Cristo, lo que implica corrección de divisiones y desacuerdos, pero en amor, restaurando relaciones. Él viene a buscar "un" cuerpo; viene a buscar a Su novia.

IGLESIA DE PÉRGAMO

¿Cómo se puede hablar y tragar a la vez? ¿Es posible que el agua sea simultáneamente líquida y sólida? ¿Se puede caminar hacia adelante y hacia atrás al mismo tiempo? ¿Puede alguien realmente hablar en completo silencio? ¿Es concebible que un círculo tenga esquinas cuadradas? La combinación de prácticas de la iglesia de Pérgamo suscita preguntas como estas, sin aparente respuesta.

Pérgamo era una comunidad cristiana que vivía en una ciudad conocida por su gran influencia política y cultural. La descripción que hace la Biblia de Pérgamo revela un entorno desafiante para los creyentes de la época. La ciudad era un centro de idolatría y corrupción, donde el poder político y la adoración a falsos dioses coexistían. Pero, a pesar de esta atmósfera hostil, los creyentes de Pérgamo mantuvieron su fe en Cristo, y por esto es elogiada: por mantener su fe en medio de una ciudad corrupta y peligrosa. Sin embargo, también les reprende por tolerar la enseñanza de Balaam y de los nicolaítas, que promovían prácticas inmorales y comprometían la pureza doctrinal.

"Y escribe al ángel de la iglesia en Pérgamo: El que tiene la espada aguda de dos filos dice esto: Yo conozco tus obras, y dónde moras, donde está el

> trono de Satanás; pero retienes mi nombre, y no has negado mi fe, ni aun en los días en que Antipas mi testigo fiel fue muerto entre vosotros, donde mora Satanás. Pero tengo unas pocas cosas contra ti: que tienes ahí a los que retienen la doctrina de Balaam, que enseñaba a Balac a poner tropiezo ante los hijos de Israel, a comer de cosas sacrificadas a los ídolos, y a cometer fornicación. Y también tienes a los que retienen la doctrina de los nicolaítas, la que yo aborrezco. Por tanto, arrepiéntete; pues si no, vendré a ti pronto, y pelearé contra ellos con la espada de mi boca. El que tiene oído, oiga lo que el Espíritu dice a las iglesias. Al que venciere, daré a comer del maná escondido, y le daré una piedrecita blanca, y en la piedrecita escrito un nombre nuevo, el cual ninguno conoce sino aquel que lo recibe".
>
> APOCALIPSIS 2:12-17

Esta iglesia es reprendida y esto nos recuerda la importancia de mantener una enseñanza sólida y bíblica en nuestras vidas y en nuestras iglesias. Hoy en día, enfrentamos desafíos similares, donde las influencias culturales pueden socavar nuestra fe y comprometer nuestra integridad moral. Jesús nos llama a mantener la espada de la palabra de Dios afilada, para discernir y rechazar las enseñanzas que nos quieran apartar de la verdad.

¿Por qué las personas tienden a seguir enseñanzas erróneas? Por no tener discernimiento. Necesitamos discernir para cuidar el fundamento de nuestras vidas, para que la gente crea y venga a Cristo. Para cuidar el matrimonio, los hijos, la familia entera y hasta los amigos. En la Biblia, vemos el ejemplo de Salomón reconociendo su necesidad y pidiéndole a Dios la habilidad de discernir entre lo bueno y lo malo:

> "Yo te ruego que des a tu siervo discernimiento para gobernar a tu pueblo y para distinguir entre el bien y el mal. De lo contrario, ¿quién podrá gobernar a este gran pueblo tuyo?".
>
> 1 REYES 3:9, NVI

Hoy en día, discernir es más importante que nunca porque el engaño de falsas enseñanzas puede llevarnos por el camino equivocado sin siquiera darnos cuenta. Algunos grupos religiosos de hoy pretenden incluso seguir a Satanás en lugar de a Dios. Es esencial que sepamos discernir y diferenciar lo que es verdadero de lo que es falso, especialmente en estos tiempos en los que incluso aquellos que son creyentes pueden ser engañados.

NECESITAMOS DISCERNIR PARA CUIDAR EL FUNDAMENTO DE NUESTRAS VIDAS.

Pero ¿cómo podemos discernir? En la iglesia de Pérgamo, vemos que hay todo tipo de ataques: espirituales, emocionales y físicos, que pueden quitar la habilidad de discernir. Nos enseña varias cosas. En primer lugar, que "no podemos servir a dos señores":

> "Nadie puede servir a dos señores, pues menospreciará a uno y amará al otro, o querrá mucho a uno y despreciará al otro. No se puede servir a la vez a Dios y a las riquezas".
>
> MATEO 6:24, NVI

En momentos de crisis como los que vivimos hoy, debemos seguir confiando en una sola opción, en Dios y la fidelidad de sus promesas. Debemos cuidarnos de no caer en lo que Pérgamo cayó.

En segundo lugar, aprendemos que "debemos cuidarnos de los que son piedra de tropiezo". No permitas que te seduzcan aquellos que intentan alejarte del buen camino, desanimarte de ir a la casa de Dios o sabotear las bendiciones que Dios te ha dado. Algunos pueden ir en contra de la iglesia, los pastores y la enseñanza de la Biblia, y eso va en contra de la justicia divina. Es importante mantenernos firmes y no dejarnos influenciar por quienes buscan apartarnos de nuestra fe y del camino que Dios nos ha marcado. La capacidad de discernir nos ayuda a mantenernos en el camino correcto y a evitar ser influenciados por enseñanzas engañosas, como dice 1 Tesalonicenses 5:21:

«Examinadlo todo; retened lo bueno.» Quizá tú me digas: "Pero Migdalia, es que discernir es muy difícil". Entonces yo te contestaré que si no puedes discernir, tienes otra opción: obedecer a Cristo. No significa andar a ciegas; obedecer es cuando no estás seguro de los pasos que estás dando, pero tienes la plena certeza de quién es Cristo y lo que hizo por ti; entonces no aceptas la falsa enseñanza y prefieres obedecer al verdadero Rey. De la iglesia de Pérgamo aprendemos que: "es mejor arrepentirnos y obedecer" cuando no entendemos, no le busquemos "las cinco patas al gato" porque no las tiene. Obedezcamos a Cristo como Él obedeció al Padre.

 SEGUIR CONFIANDO EN UNA SOLA OPCIÓN, EN DIOS Y LA FIDELIDAD DE SUS PROMESAS.

> "Si realmente escuchas al Señor tu Dios y cumples fielmente todos estos mandamientos que hoy te ordeno, el Señor tu Dios te pondrá por encima de todas las naciones de la tierra. Si obedeces al Señor tu Dios, todas estas bendiciones vendrán sobre ti y te acompañarán siempre".
> DEUTERONOMIO 28:1-2, NVI

En la actualidad, las enseñanzas erróneas están a la orden del día; son una mezcla que no existe en la Biblia y están camufladas de verdad y espiritualidad para traer confusión y, por consecuencia, la pérdida de la promesa del Señor. Nosotros, como Iglesia, debemos estar alertas y discernir, luchando por la verdadera enseñanza y el verdadero evangelio de Cristo. No hay mezclas nuevas que puedan explicar lo que ya la palabra de Dios ha dicho. Luchemos por nuestra fe en el Señor.

> "Queridos hermanos, he deseado intensamente escribirles acerca de la salvación que tenemos en común. Ahora siento la necesidad de hacerlo para rogarles que sigan luchando vigorosamente por la fe encomendada a los creyentes una vez y para siempre".
>
> JUDAS 1:3, NVI

A pesar de los desafíos que enfrentaban en la iglesia de Pérgamo, Jesús los anima a superar las pruebas con una promesa. Él promete darles del maná escondido y una piedra blanca con un nuevo nombre grabado en ella. Hoy Dios hace la misma promesa: dar sustento espiritual e identidad renovada a los creyentes que permanecen fieles en medio de la adversidad. En nuestras vidas hoy, la promesa de Jesús nos recuerda que, a pesar de los desafíos culturales y espirituales, Dios siempre proveerá y nos dará una identidad en Cristo, si perseveramos en nuestra fe.

> NO HAY MEZCLAS NUEVAS QUE PUEDAN EXPLICAR LO QUE YA LA PALABRA HA DICHO.
> "

La iglesia de Pérgamo nos brinda un valioso ejemplo de cómo mantener nuestra fe en un mundo que a menudo se opone a los valores cristianos. En nuestra sociedad actual, enfrentamos presiones similares para conformarnos a las normas del mundo en lugar de mantenernos firmes en la fe en Cristo. La carta escrita a Pérgamo nos exhorta hoy a resistir la corriente cultural y a mantener la pureza doctrinal en nuestras vidas e iglesias. Al hacerlo, podemos estar seguros de recibir el sustento espiritual y la identidad renovada que Dios prometió para aquellos que permanezcamos fieles. En un mundo cada vez más comprometido con valores relativos, la iglesia de Pérgamo nos insta a mantener nuestra lealtad a aquel que es la verdad absoluta, Jesucristo.

IGLESIA DE TIATIRA

"Y escribe al ángel de la iglesia en Tiatira: El Hijo de Dios, el que tiene ojos como llama de fuego, y pies semejantes al bronce bruñido, dice esto: Yo conozco tus obras, y amor, y fe, y servicio, y tu paciencia, y que tus obras postreras son más que las primeras. Pero tengo unas pocas cosas contra ti: que toleras que esa mujer Jezabel, que se dice profetisa, enseñe y seduzca a mis siervos a fornicar y a comer cosas sacrificadas a los ídolos. Y le he dado tiempo para que se arrepienta, pero no quiere arrepentirse de su fornicación. He aquí, yo la arrojo en cama, y en gran tribulación a los que con ella adulteran, si no se arrepienten de las obras de ella. Y a sus hijos heriré de muerte, y todas las iglesias sabrán que yo soy el que escudriña la mente y el corazón; y os daré a cada uno

> según vuestras obras. Pero a vosotros y a los demás que están en Tiatira, a cuantos no tienen esa doctrina, y no han conocido lo que ellos llaman las profundidades de Satanás, yo os digo: No os impondré otra carga; pero lo que tenéis, retenedlo hasta que yo venga. Al que venciere y guardare mis obras hasta el fin, yo le daré autoridad sobre las naciones, y las regirá con vara de hierro, y serán quebradas como vaso de alfarero; como yo también la he recibido de mi Padre; y le daré la estrella de la mañana. El que tiene oído, oiga lo que el Espíritu dice a las iglesias".
>
> APOCALIPSIS 2:18-29

La iglesia de Tiatira fue elogiada por sus obras de caridad, su servicio, su fe y paciencia. Sin embargo, fue reprendida por la tolerancia a las enseñanzas de una persona que trajo falsas profecías. Las enseñanzas de Jezabel promovían dentro del cristianismo la inmoralidad sexual y otras formas de idolatría. Era una influencia negativa que amenazaba la integridad espiritual y moral de la iglesia, con enseñanzas y prácticas corruptas. Cuando analizábamos la iglesia de Pérgamo, la iglesia anterior, hacíamos la pregunta: ¿por qué las personas tienden a seguir enseñanzas erróneas? Me gustaría añadir algo a lo que dije ya que esta pregunta tiene muchas respuestas. Las enseñanzas erróneas se alimentan de personas que viven de las emociones, buscando algo que les complazca. También se alimentan de personas que, de buenas a primeras, deciden confiar en la fuente de información más que en la información. Otras personas siguen enseñanzas erróneas por falta de conocimiento o entendimiento, y caen en lo incorrecto. Otras por desesperación o necesidad; son personas movidas a hacer cualquier cosa, impulsadas por las crisis y por la razón. Otras personas buscan soluciones rápidas, aceptando todo sin discernimiento. Algunas sucumben a la influencia de su entorno, cediendo ante la manipulación y persuasión de otros, lo que los lleva a adoptar doctrinas erróneas. También hay quienes, por la necesidad de ser aceptados, se desvían y caen en manos de cualquier enseñanza con tal de ser parte de un grupo. Quizá muchos también puedan caer en el error por miedo a enfrentar la verdad, ya que prefieren evadir la realidad de los últimos tiempos y optar por creer en cosas que no les generen estrés.

No hay ninguna razón válida que justifique la elección de adoptar doctrinas erróneas. Las personas que adoptan estas enseñanzas, operan en un espíritu de rebeldía, manipulación, control, persecución, seducción e inmoralidad.

La entidad sin fines de lucro *Pew Research Center*, dedicada a analizar las actitudes y opiniones de los estadounidenses, llevó a cabo un estudio y publicó los siguientes datos:

- En 2016, el 60% de las personas que creían en teorías de conspiración eran conscientes de la controversia asociada. El reporte también señaló que aquellos que creían en estas teorías mostraban una mayor propensión a sentir descontento hacia el Gobierno y la sociedad.

- En 2017, las personas mostraron una mayor propensión a creer en información errónea cuando era compartida en las redes sociales por amigos o familiares. El reporte también destacó que la presentación convincente de la información contribuía a que las personas creyeran en ella, incluso cuando la información era claramente falsa.

- En 2018, se observó que las personas eran más propensas a creer en información errónea cuando esta se presentaba de manera emocional, se alineaba con sus creencias existentes, o cuando resultaba difícil de verificar. Además, el reporte señaló que las personas eran más propensas a creer en información errónea si eran jóvenes, tenían un nivel educativo más bajo, o mostraban un nivel de confianza más bajo en las instituciones tradicionales.

Cada uno de estos estudios sugiere que, en los tiempos más difíciles, las creencias erróneas pueden ganar más adeptos. No puedo pasar por alto señalar el tema del anticristo, y el hecho de que muchos afirmarán que es falso, apoyándose simplemente por cualquiera de las razones expuestas anteriormente.

HAY QUIENES, POR LA NECESIDAD DE SER ACEPTADOS, SE DESVÍAN Y CAEN EN MANOS DE CUALQUIER ENSEÑANZA CON TAL DE SER PARTE DE UN GRUPO.

A estas creencias erróneas que se levantan en estos tiempos las he denominado "mitología moderna", ya que asumen y aceptan cualquier idea sin contar con la evidencia. Lo hacen sencillamente por cualquier razón personal.

Nos encontramos en una era compleja y difícil, donde es crucial reflexionar y reconocer las verdades que sí hemos evidenciado y aceptado sin reservas como la muerte de Jesús en la cruz; y que la Biblia es la palabra de Dios y la única verdad para cada uno de nosotros. Lo que está escrito en ella se cumplirá sin necesidad de inventar nuevas interpretaciones. Esto está claramente evidenciado por la historia, por la ciencia y por la fe. Lo más perjudicial de seguir enseñanzas erróneas es que conlleva consecuencias graves, incluso la muerte espiritual. Al dirigirse a la iglesia de Tiatira, el Señor le ofreció la oportunidad de arrepentirse, advirtiéndole que, de no hacerlo, tendría consecuencias según sus obras. De hecho, la misma Jezabel tuvo oportunidad de arrepentirse, pero eligió no hacerlo. Sabemos que habrá oportunidad para todos, pero debemos arrepentirnos de la creencia en las falsas enseñanzas. Debemos cuidar que nadie nos engañe.

> "Que nadie los engañe con argumentaciones vanas, porque por esto viene el castigo de Dios sobre los que viven en la desobediencia".
>
> EFESIOS 5:6, NVI

¿Cómo identificar las consecuencias de estas actitudes? Observando a las personas que viven su vida como una carga constante, agotadas por los problemas, el trabajo, las autoridades y la propia existencia. Estas actitudes a continuación son muy peligrosas, ya que se incorporan por malinterpretar, de acuerdo con la moda de estos tiempos, el significado de dos palabras: tolerancia y diversidad.

A ESTAS CREENCIAS ERRÓNEAS QUE SE LEVANTAN EN ESTOS TIEMPOS LAS HE DENOMINADO "MITOLOGÍA MODERNA", YA QUE ASUMEN Y ACEPTAN CUALQUIER IDEA SIN CONTAR CON LA EVIDENCIA. LO HACEN SENCILLAMENTE POR CUALQUIER RAZÓN PERSONAL.

Tolerancia, ahora es un llamado a tolerar todo por agotamiento y cansancio; sencillamente debemos aceptarlo sin requerir evidencia respaldada por la verdad divina. Y diversidad, promueve un entorno aparentemente inclusivo donde todas las personas pueden sentirse valoradas y respetadas, para que puedan participar plenamente en un entorno social y cultural donde todo es aceptado. Esto altera el verdadero significado del amor, reemplazándolo con conceptos de tolerancia y diversidad.

Éxodo 20:7 dice: "No tomarás el nombre de Jehová tu Dios en vano; porque no dará por inocente Jehová al que tomare su nombre en vano". Entonces, ¿cuán tolerante debe ser el cristiano? La respuesta sería: debo ser tolerante hasta que nos percatemos que hay una posibilidad de tomar el nombre de Dios en vano. Queriendo añadir o quitar a la palabra del Señor, es ahí el límite de la tolerancia. La tolerancia es necesaria hasta el punto en que no sobrepase los límites establecidos en la Biblia.

La próxima pregunta es: ¿Hasta qué punto debemos ser diversos? La respuesta sería: hasta que no pierda mi identidad en Cristo, hasta que no pierda la imagen de Dios en mí, hasta que no traigamos división para el cuerpo de Cristo, es decir, su Iglesia. Somos diversos hasta el punto en que no nos convirtamos en carnales, emocionales y egocéntricos; traidores asesinos de la fe cristiana. La diversidad y la tolerancia que el mundo propone hoy son un engaño, lo mismo que fueron las enseñanzas de Jezabel. Este engaño le abre paso a las falsas enseñanzas y profetas, tal como advierte la Biblia.

> "Porque se levantarán falsos cristos, y falsos profetas, y harán grandes señales y prodigios, de tal manera que engañarán, si fuere posible, aun a los escogidos".
>
> MATEO 24:24

El mensaje para la iglesia de Tiatira nos instruye a mirar con benevolencia y a brindar la oportunidad para el arrepentimiento a cada uno de nosotros. Nos enseña a abrazar la corrección de toda falsedad existente. La oportunidad de arrepentirnos y ser corregidos nos liberará de los conflictos que puedan surgir a nuestro alrededor, así como de enfrentar las consecuencias de seguir enseñanzas erróneas. No hay enseñanza más real y verdadera que el amor de Jesús por ti. Tú eres de mucho valor para Dios; por eso, envió a su hijo Jesús para pagar el precio de nuestro pecado y concedernos la libertad y ser redimidos a través de su sangre. Podemos vivir juntamente con Él a través de su Santo Espíritu, quien trae consigo el fuego que consume todo error y maldad en nosotros. No existe otra verdad; esta es la enseñanza genuina.

> ¿HASTA QUÉ PUNTO DEBEMOS SER DIVERSOS? LA RESPUESTA SERÍA: HASTA QUE NO PIERDA MI IDENTIDAD EN CRISTO, HASTA QUE NO PIERDA LA IMAGEN DE DIOS EN MÍ, HASTA QUE NO TRAIGAMOS DIVISIÓN PARA EL CUERPO DE CRISTO, ES DECIR, SU IGLESIA.

Iglesia, luchemos sin cansarnos ni agotarnos, abracemos el compromiso con la verdad de un evangelio puro. Debemos estar sin mancha ni arruga para la llegada del gran día.

IGLESIA DE SARDIS

¿Cuán importante es para ti tu reputación? Jesús se dirige a una iglesia que tiene una muy buena reputación, pero que en realidad está muerta. Esta iglesia tiene una fachada de espiritualidad, pero en su interior está vacía.

> "Escribe al ángel de la iglesia de Sardis: Esto dice el que tiene los siete espíritus de Dios y las siete estrellas:
> Conozco tus obras; tienes fama de estar vivo, pero en realidad estás muerto. ¡Despierta! Reaviva lo que aún es rescatable, pues no he encontrado que tus obras sean completas delante de mi Dios. Así que recuerda lo que has recibido y oído; obedécelo y arrepiéntete. Si no te mantienes despierto, cuando menos lo esperes caeré sobre ti como un ladrón.
> Sin embargo, tienes en Sardis a unos cuantos que no se han manchado la ropa. Ellos, por ser dignos, andarán conmigo vestidos de blanco. El que salga vencedor se vestirá de blanco. Jamás borraré su nombre del libro de la vida, sino que reconoceré su nombre delante de mi Padre y delante de sus ángeles. El que tenga oídos, que oiga lo que el Espíritu dice a las iglesias".
>
> APOCALIPSIS 3:1-6, NVI

Jesús comienza con una declaración contundente: "Conozco tus obras; tienes fama de estar vivo, pero en realidad estás muerto" (Apocalipsis 3:1). Esta es una advertencia seria para todos los creyentes. Podemos parecer vivos en el exterior, yendo a la iglesia, levantando las manos, sirviendo, pero si no estamos vivos en el interior, no somos nada delante de Dios.

NO HAY ENSEÑANZA MÁS REAL Y
VERDADERA QUE EL AMOR DE JESÚS POR TI.

El mundo actual nos impulsa casi de manera insistente a cuidar nuestra reputación, como si ésta fuera la mayor de las virtudes. No nos olvidemos que Dios busca moldear nuestro carácter, sin necesidad de competir con la apariencia.

> "No os conforméis a este siglo, sino transformaos por medio de la renovación de vuestro entendimiento, para que comprobéis cuál sea la buena voluntad de Dios, agradable y perfecta".
>
> ROMANOS 12:2

La reputación se forma cuando las personas son evaluadas según su apariencia, logros y estatus social. No obstante, estas métricas no son de importancia para Dios. Él nos enseña que lo verdaderamente esencial en la vida es nuestro corazón y nuestro carácter.

> "Pero el Señor dijo a Samuel: —No te dejes impresionar por su apariencia ni por su estatura, pues yo lo he rechazado. La gente se fija en las apariencias, pero yo me fijo en el corazón".
>
> 1 SAMUEL 16:7, NVI

El carácter define nuestra verdadera esencia como parte de un cuerpo. Desde una perspectiva más profunda, es el carácter lo que Dios anhela forjar en cada uno de nosotros, para que así podamos modelarlo reflejando su imagen y semejanza.

> "...para que fuesen hechos conformes a la imagen de su Hijo, para que él sea el primogénito entre muchos hermanos".
>
> ROMANOS 8:29B

En una ocasión, alguien le dijo a mi esposo: "¡No te vayas ahora porque manchas mi reputación!". Hermano, Dios no busca personas basándose en la apariencia, ya que ésta puede ser engañosa. Él busca a aquellos con un corazón y carácter genuino, sin importar lo que digan los engañadores y acusadores. Cuando pienso en reputación, no puedo evitar recordar las cosas feas que muchos dijeron sobre Jesús. Lo acusaron de blasfemo, falso profeta, un agitador político e incluso lo acusaron de endemoniado. Y las respuestas a estas punzantes acusaciones hacia Jesús solo me recuerdan que la apariencia es engañosa y mentirosa. No te dejes engañar por aquellos que aparentan ser lo que no son; aquellos de los cuales un día Dios dirá: "nunca los conocí".

> "No todo el que me dice: Señor, Señor, entrará en el reino de los cielos, sino el que hace la voluntad de mi Padre que está en los cielos. Muchos me dirán en aquel

día: Señor, Señor, ¿no profetizamos en tu nombre, y en tu nombre echamos fuera demonios, y en tu nombre hicimos muchos milagros? Y entonces les declararé: Nunca os conocí; apartaos de mí, hacedores de maldad".

MATEO 7:21-23

Lo bueno es que Jesús nunca abandona a nadie; Él siempre ofrece una oportunidad hasta que decidamos hacer el cambio. Dios nunca nos deja sin oportunidades; somos nosotros quienes las aceptamos o descartamos. Nunca ha sido culpa de Dios que estemos muertos o ciegos espiritualmente. A la iglesia de Sardis, como a nosotros también, le dio la oportunidad de salir del engaño de la apariencia, brindándole tres instrucciones, que hoy también nos da a nosotros:

En primer lugar, les dice: "despierta". La iglesia de Sardis estaba dormida espiritualmente; complacida con su estado actual, y sin buscar crecer ni madurar. Eso es lo que el Señor nos dice hoy, instándonos a despertar del engaño de aquellos que solo tienen una apariencia, pero carecen de sustancia, y a comenzar a vivir de acuerdo con nuestra nueva vida, reflejando el corazón y el carácter de Cristo.

DIOS NUNCA NOS DEJA SIN OPORTUNIDADES, SOMOS NOSOTROS QUIENES LAS ACEPTAMOS O DESCARTAMOS.

En segundo lugar, los alienta a recordar lo que han recibido y oído. La iglesia de Sardis había recibido la verdad de Dios, pero la había olvidado. Jesús nos insta a recordar lo que hemos aprendido en su palabra y obedecerlo, viviéndolo en nuestra vida diaria.

Mientras leía sobre esta iglesia, venía a mi mente la importancia de no olvidar y expresar gratitud hacia aquellas personas, ya sean cercanas o distantes, que han impactado mi vida de manera significativa, transformándome a través de su ejemplo impulsado por el Espíritu Santo de Dios. También me di cuenta de que todas las personas que han dejado una huella en mi corazón han sido auténticas al mostrar tanto sus virtudes como sus defectos, mostrando una sinceridad genuina. Esto da vida a las palabras de Mateo 5:37 (NVI): "Cuando ustedes digan «sí», que sea realmente sí; y cuando digan «no», que sea no. Cualquier otra cosa que digan más allá de esto proviene del maligno".

Las personas genuinas han sido una gran bendición en mi vida. No debemos acostumbrarnos únicamente a aquellos que apoyan nuestra voluntad sin cuestionarla, ya que esto podría conducirnos a una ceguera espiritual que nos impida discernir quiénes han sido realmente una bendición o una maldición en nuestras vidas. Vivir solo de apariencias es como vivir en la muerte, porque no nos permite conocernos a nosotros mismos ni reconocer ni agradecer lo que el Señor ha hecho en nuestras vidas a través de los demás. La iglesia de Sardis estaba ciega, sumida en las apariencias, incapaz de reconocer y agradecer las bendiciones recibidas.

En tercer lugar, el Señor motiva a Sardis a reavivar lo que aún era rescatable, porque había algunas personas que no se habían manchado sus ropas con apariencia. Aunque la iglesia de Sardis aún tenía algo de vida espiritual, ésta era escasa y la llama de fuego estaba casi extinguida, aunque aparentaban lo contrario. El Señor espera que revivamos lo que aún permanece; aunque sea poco, es rescatable. La llama de Dios propagará ese fuego que aún queda en nosotros, y no será apagado por completo. Nos dará la oportunidad de estar listos para el Señor.

EL SEÑOR ESPERA QUE REVIVAMOS LO QUE AÚN PERMANECE.

Jesús advirtió a la iglesia de Sardis que, si no se despertaba y revivía lo que aún podía salvarse, Él caería sobre ella como un ladrón, en una clara advertencia de juicio. Esto nos enseña que enfrentaremos juicio si no nos arrepentimos de vivir por las apariencias y empezamos a vivir con el corazón y el carácter de Dios. Creo que, en los últimos tiempos, que ya estamos presenciando, muchos se han adherido a opiniones o falsas enseñanzas, convirtiéndose en cristianos solo de apariencia. Este mensaje a Sardis, también es hoy una advertencia para todos nosotros, los creyentes. Podemos aparentar estar vivos por fuera, pero, si no estamos vivos por dentro, estamos muertos para Dios. Es esencial despertarnos espiritualmente, avivar lo rescatable con el fuego del Señor, y recordar lo que hemos recibido y oído. Al hacerlo, estaremos en el camino de ser vencedores y caminaremos con Jesús, vestidos de blanco.

Para evitar el juicio de Dios, es crucial despertar espiritualmente y avivar con su fuego lo que aún se puede salvar en nuestras vidas. Sería muy beneficioso realizar una introspección haciéndonos preguntas que nos despierten: ¿Estoy creciendo y madurando en mi fe? ¿Estoy viviendo de acuerdo con la voluntad de Dios? ¿Estoy siendo fiel a mi compromiso con Cristo?

Cuidémonos de aquellos que aparentan tener talentos y dones espirituales, que parecen ser muy elocuentes, pero que, por ejemplo, en sus redes sociales muestran todo lo contrario. No te dejes engañar; con el fuego de Dios verás con claridad. Él te mostrará todo para que no seas engañado por el maligno.

IGLESIA DE FILADELFIA

"Escribe al ángel de la iglesia en Filadelfia: Esto dice el Santo, el Verdadero, el que tiene la llave de David, el que abre y ninguno cierra, y cierra y ninguno abre: Yo conozco tus obras; he aquí, he puesto delante de ti una puerta abierta, la cual nadie puede cerrar; porque aunque tienes poca fuerza, has guardado mi palabra, y no has negado mi nombre. He aquí, yo entrego de la sinagoga de Satanás a los que se dicen ser judíos y no lo

> son, sino que mienten; he aquí, yo haré que vengan y se postren a tus pies, y reconozcan que yo te he amado. Por cuanto has guardado la palabra de mi paciencia, yo también te guardaré de la hora de la prueba que ha de venir sobre el mundo entero, para probar a los que moran sobre la tierra. He aquí, yo vengo pronto; retén lo que tienes, para que ninguno tome tu corona. Al que venciere, yo lo haré columna en el templo de mi Dios, y nunca más saldrá de allí; y escribiré sobre él el nombre de mi Dios, y el nombre de la ciudad de mi Dios, la nueva Jerusalén, la cual desciende del cielo, de mi Dios, y mi nombre nuevo. El que tiene oído, oiga lo que el Espíritu dice a las iglesias".
>
> APOCALIPSIS 3:7-13

Permíteme comenzar por la presentación de este mensaje a la iglesia de Filadelfia. El Señor se presenta como: "el Verdadero, el que tiene la llave de David, el que abre y ninguno cierra, y cierra y ninguno abre". Esta llave representa la autoridad máxima, el reconocimiento del Mesías prometido. Al igual que en Isaías 22:22, en Apocalipsis se atribuye la llave de David a Cristo, y esto reconoce a Jesús como el legítimo heredero y rey de la línea de David. Así que quien habla es el Señor, la autoridad máxima, cancelando con esta introducción todo tipo de duda. Les recuerda que Él tiene la llave que abre y nadie puede cerrar y el que cierra y nadie puede abrir. En otras palabras, nadie puede meter su mano donde está puesta la de Dios.

¿Y AHORA QUÉ?

 NO TE DEJES ENGAÑAR; CON EL FUEGO DE DIOS VERÁS CON CLARIDAD.

Ahora bien, es necesario que entiendas que nosotros los cristianos reconocemos a Jesucristo como la autoridad máxima, absoluta y soberana. La divinidad y autoridad de Cristo no es únicamente en el cielo, sino que también es en la tierra hoy, en nuestra vida. El sacrificio de la Cruz, la muerte y la resurrección le dieron esa autoridad máxima, llevándolo a ser Soberano sobre toda la creación y a tener el poder sobre la vida y sobre la muerte. Él es la autoridad y cuando Cristo decide actuar o tomar una decisión, nadie puede oponerse o revertirla. Jesucristo tiene el control definitivo sobre todos los eventos y destinos de nuestras vidas con el propósito de mantener siempre una puerta abierta, una oportunidad que debemos aceptar y entrar.

El problema de la iglesia de Filadelfia comienza con la situación de enfrentar oposición, que provenía de un grupo dentro de la comunidad judía. Estaban siendo engañados y perseguidos, dejándolos con pocas fuerzas. Igual que todo el que enfrenta oposición.

Estudios publicados en 2022 en la revista 'Psychological Medicine' revelaron que la pérdida de fortaleza mental está asociada con un mayor riesgo de discapacidad. Indicaron que este riesgo es dos veces y media mayor que para aquellos que conservan su fortaleza mental. El Señor nos conoce muy bien y desea que permanezcamos fuertes en estos momentos que enfrentaremos, momentos de ataques en contra de su Iglesia y del pueblo de Dios. Por eso, Él no quiere que tú pierdas las fuerzas, porque estos tiempos son difíciles, pero son también decisivos. Él sabe que necesitamos fuerzas para no correr el riesgo de caer en un error que nos conduzca a blasfemar contra el Espíritu Santo, errores que nos lleven a subir a Cristo a la cruz e irremediablemente perder la salvación.

NADIE PUEDE METER SU MANO DÓNDE ESTÁ PUESTA LA DE DIOS.

> "Por eso digo que a todos se les podrá perdonar todo pecado y toda blasfemia, pero la blasfemia contra el Espíritu no se le perdonará a nadie".
>
> MATEO 12:31, NVI

> "Porque es imposible que aquellos que han sido una vez iluminados, que han saboreado el don celestial, que han tenido parte en el Espíritu Santo, que han experimentado la buena palabra de Dios y los poderes del mundo venidero, pero después de todo esto se han apartado, renueven su arrepentimiento. Pues así, para su propio mal, vuelven a crucificar al Hijo de Dios y lo exponen a la vergüenza pública".
>
> HEBREOS 6:4-6, NVI

¿Y AHORA QUÉ?

Las fuerzas se pueden perder en un segundo, y cuando perdemos las fuerzas llegamos a pensar que lo hemos perdido todo, que ya nada vale la pena, que no hay nada más por hacer. Pensamos que no tenemos dignidad, que no tenemos oportunidad, que no hemos sido perdonados de nuestros pecados y todo ese tipo de pensamientos que nos quieren destruir. Por eso, en Apocalipsis 3, el Señor le dice a la iglesia de Filadelfia, que Él mismo les ha dejado una puerta abierta de oportunidad, de recibir fuerzas, les ha dejado una puerta abierta que nadie puede cerrar. El Señor reconocía que esta iglesia tenía pocas fuerzas, sin embargo, como había obedecido a la Palabra y no había renegado de su nombre, había una puerta abierta para ellos. Eso nos recuerda que Dios siempre va a dejar una puerta abierta, una oportunidad para que tú puedas recuperar las fuerzas perdidas a través de Él. Tú no estás solo, el Señor está contigo, en estos tiempos y en los venideros. Él va a hacer lo que sea necesario para que tú recibas sus fuerzas. Por eso te dejo con estos pasajes bíblicos, para que te los aprendas y te regocijes en su palabra:

"Pero los que esperan a Jehová tendrán nuevas fuerzas; levantarán alas como las águilas; correrán, y no se cansarán; caminarán, y no se fatigarán".
ISAÍAS 40:31

"Él da esfuerzo al cansado, y multiplica las fuerzas al que no tiene ningunas".
ISAÍAS 40:29

> "Mi carne y mi corazón desfallecen;
> Más la roca de mi corazón y mi porción es Dios para siempre".
>
> SALMOS 73:26

> "Venid a mí todos los que estáis trabajados y cargados, y yo os haré descansar".
>
> MATEO 11:28

Los tiempos que se avecinan no serán fáciles, pero la autoridad suprema, Dios mismo, estará a tu lado en los momentos más difíciles. Él no permitirá que tu debilidad o cansancio prevalezca sobre su inmenso poder por varias razones fundamentales. En primer lugar, porque Jesús ya venció sobre la vida y la muerte, como lo expresó en Juan 11:25-26 cuando dijo: "Yo soy la resurrección y la vida; el que cree en mí, aunque esté muerto, vivirá. Y todo aquel que vive y cree en mí, no morirá eternamente. ¿Crees esto?

> DIOS SIEMPRE VA A DEJAR UNA PUERTA ABIERTA, UNA OPORTUNIDAD PARA QUE TÚ PUEDAS RECUPERAR LAS FUERZAS PERDIDAS A TRAVÉS DE ÉL.

La segunda razón por la cual la debilidad no prevalecerá sobre su poder radica en que eres el primer paso para que muchos se salven. Dios te está guardando para que no pierdas fuerzas, ya que hay muchos que necesitan ver tu testimonio. Estos individuos escucharán acerca de Dios a través de tu experiencia. Si te ven débil, pueden llegar a no creer en el poder de Dios. Por ello, el Señor está dispuesto a darte sus fuerzas para que puedas ser un testimonio firme y convincente.

> "Torre fuerte es el nombre de Jehová;
> A él correrá el justo, y será levantado".
>
> PROVERBIOS 18:10

En tercer lugar, Dios te asistirá en tu debilidad, para que Él reciba toda la gloria, permitiendo que otros vean su poder con claridad a través de ti. Esto posibilitará que crean en Él y le obedezcan, a diferencia de la situación en la que un hijo puede dejar de creer en la autoridad de sus padres al verlos débiles. Los padres muchas veces pierden su influencia cuando no pueden vivir conforme a lo que les enseñan a sus hijos. Quizá muchos no logren creer que Dios es real y poderoso sencillamente por verte débil. Dios nunca perderá su poder y gloria, por eso desea fortalecerte, para que otros crean en Él.

La pregunta fundamental que todos deberíamos formularnos es: si el Señor viene a buscar cosas de valor en su Iglesia, ¿qué poseemos? ¿Qué va a encontrar el Señor en nuestras vidas? ¿Hallará el Señor algo de valor en nosotros o nos encontrará desalentados, avergonzados, afligidos por el dolor, ahogados por problemas y sumidos en la desesperación?

EL SEÑOR ESTÁ DISPUESTO A DARTE SUS FUERZAS PARA QUE PUEDAS SER UN TESTIMONIO FIRME Y CONVINCENTE.

Necesitamos perseverar en la fe y la fidelidad a Jesucristo, a pesar de las pruebas, tentaciones o persecuciones que podamos enfrentar. Los cristianos debemos cuidarnos de la complacencia espiritual, de las falsas doctrinas o de cualquier cosa que pueda desviarnos de la relación genuina con Dios. Cuidémonos de todo lo que apague la llama y nos quite las fuerzas para continuar.

Es esencial apreciar y no renunciar a la recompensa eterna; que nadie te quite la corona prometida. Dios ha abierto esa puerta para nosotros, y no debemos permitir que nadie se interponga y nos prive de esta oportunidad. La recompensa para aquel que venciere es hacerlo columna del templo de Dios, lo que significa, fortaleza y estabilidad del Señor. Así, disfrutaremos de un lugar duradero y honorable en el reino de Dios.

Vencer no es fácil; muchas veces nos debilitamos, pero Dios nos da las fuerzas necesarias. Hasta para empujar una puerta se necesitan fuerzas. Muchas veces estamos débiles, pero Dios te abre las puertas que necesitas que estén abiertas para que recibas su fortaleza y te levantes con su poder y fuego ardiendo en ti. Es preferible ser débil pero fiel, que aparentar tener fuerzas y ser infiel. Quizá hoy no tengas fuerzas, pero la autoridad, estabilidad y seguridad a través de Jesucristo te alcanza a través de esas puertas que Dios tiene abiertas para ti.

> "No temas, porque yo estoy contigo; no desmayes, porque yo soy tu Dios que te esfuerzo; siempre te ayudaré, siempre te sustentaré con la diestra de mi justicia".
> ISAÍAS 41:10

> "El ángel de Jehová acampa alrededor de los que le temen,
> Y los defiende".
> SALMOS 34:7

> "Jehová te guardará de todo mal;
> Él guardará tu alma.
> Jehová guardará tu salida y tu entrada
> Desde ahora y para siempre".
> SALMOS 121:7-8

IGLESIA DE LAODICEA

La iglesia de Laodicea era "afortunada" sin saberlo, como cuando Dios nos permite experimentar un nuevo comienzo y no nos damos cuenta. Seguimos quejándonos y aferrándonos a lo habitual, sin darnos cuenta de que estamos en una nueva oportunidad para recibir bendiciones. Esto es comparable con aquellos que aceptan a Cristo, pero siguen sintiéndose pecadores sin perdón. Así también la iglesia de Laodicea poseía una fortuna que no conocía ni veía, y el Señor le dice:

> "Y escribe al ángel de la iglesia en Laodicea: He aquí el Amén, el testigo fiel y verdadero, el principio de la creación de Dios, dice esto: Yo conozco tus obras, que ni eres frío ni caliente. ¡Ojalá fueses frío o caliente! Pero por cuanto eres tibio, y no frío ni caliente, te vomitaré de mi boca. Porque tú dices: Yo soy rico, y me he enriquecido, y de ninguna cosa tengo necesidad; y no sabes que tú eres un desventurado, miserable, pobre, ciego y desnudo".
>
> APOCALIPSIS 3:14-17

ES ESENCIAL APRECIAR Y NO RENUNCIAR A LA RECOMPENSA ETERNA; QUE NADIE TE QUITE LA CORONA PROMETIDA.

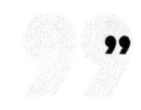

Nunca debemos definir nuestra identidad por lo que poseemos. La iglesia de Laodicea utilizaba sus riquezas como una medida para demostrar que no necesitaba de Dios, poniendo lo material en primer plano y volviéndose tibia en su fe. Pensaba que era rica debido a sus posesiones, pero sus riquezas no le servían de nada. Aunque esta iglesia era conocida por su prosperidad y su ubicación estratégica en rutas comerciales, fue criticada por su falta de fervor en la fe. A pesar de tener aguas termales tibias, eran inútiles tanto para sanar como para embellecer. En resumen, sus aguas no servían para nada. Además de llamarlos tibios, el Señor también los describió como desventurados, miserables, pobres, ciegos y desnudos. En otras palabras, útiles para nada.

Una de las enseñanzas importantes que aprendemos de esta iglesia es que nunca debemos medir nuestra fe por las riquezas terrenales. Claro que seguimos predicando que "el Señor ama y recompensa al dador alegre" (2 Corintios 9:7) y que "Dios, pues, suplirá todo lo que os falta conforme a sus riquezas en gloria en Cristo Jesús" (Filipenses 4:19). Es cierto que recibimos bendición de Dios, no se puede negar tal cosa. Pero no podemos medir nuestra salvación porque tengamos grandes posesiones. Porque para llegar a donde queremos llegar el día que seamos levantados, necesitamos salvación a través de la fe en Jesucristo, algo que no nos da el dinero, ni las pertenencias. Nuestra salvación es a través de Jesucristo, a través del reconocimiento del sacrificio en la cruz del Calvario.

> LOS TIEMPOS QUE SE AVECINAN NO SERÁN FÁCILES, PERO LA AUTORIDAD SUPREMA, DIOS MISMO, ESTARÁ A TU LADO EN LOS MOMENTOS MÁS DIFÍCILES.

A pesar de que acumulemos riquezas y logros materiales en nuestra existencia antes de ser arrebatados, siempre habrá en nuestro ser una sed espiritual insaciable. Tener una profesión distinguida, un hogar confortable y abundancia financiera, no logrará saciar la más profunda y vital de nuestras necesidades: la espiritual. Ignorar esta verdad nos sumerge en un estado de desgracia inadvertida. Esta condición, que he llamado "afortunados sin saberlo", es motivo de desazón para el Señor provocándole vómito.

Reflexionemos por un momento: ¿Alguna vez has probado un bocado de comida que debería estar caliente, pero descubres, para tu sorpresa, que está frío? ¿Cuál es tu reacción inmediata? Naturalmente, te levantas y lo calientas. De manera similar, el Señor ilustra a la iglesia de Laodicea, y a nosotros mismos, lo repugnante que le resulta su estado de tibieza espiritual. Les advierte con seriedad que, de persistir en tal estado, los expulsará de su presencia, como si fueran un bocado desagradable, demasiado frío como para ser tragado, y que por instinto preferirías escupir.

¿De qué le sirven sus posesiones a una persona con mucho dinero si no tiene a Cristo en su vida? Recordemos la historia del joven rico en la Biblia. Él le preguntó a Jesús qué debía hacer para recibir la vida eterna, aun habiendo cumplido con todos los mandamientos. Jesús le respondió que, para ser perfecto, debía vender todo lo que poseía, darlo a los pobres y luego seguirlo. Pero el joven se puso triste y se fue porque tenía muchas posesiones (Mateo 19:16-22).

Esta historia nos lleva a reflexionar sobre lo que realmente son las riquezas. Las auténticas riquezas provienen de Dios, como el amor sin condiciones, la gracia, la misericordia, la sabiduría, el conocimiento, la fuerza, la paz, el consuelo, la vida eterna, el perdón y la salvación, entre otras. Estas son las mayores riquezas que alguien puede tener y no se pueden comparar con nada de lo que el mundo nos ofrece.

El caso de esta iglesia me llevó a hacerle al Señor una pregunta aparentemente sencilla, pero con la respuesta que revela nuestra conducta de tibieza: ¿Cómo determinas que no somos fríos ni calientes? A lo que Él mismo me contestó: "Cuando mis hijos son probados, es ahí cuando sale a la luz la verdad de cada uno". Esta respuesta me llevó a reflexionar sobre el versículo bíblico de Mateo 6:21: "Porque donde esté vuestro tesoro, allí estará también vuestro corazón". Este versículo nos recuerda que nuestras pruebas siempre revelarán lo que para nosotros es nuestro primer lugar o nuestra prioridad.

El estatus de vida que elegimos es una decisión personal, especialmente cuando las riquezas ocupan el primer lugar. Sin embargo, cuando ponemos a Dios primero, no solo en palabras sino en acciones, nuestro estatus de vida se convierte en una decisión divina. Es ahí cuando recibimos las verdaderas riquezas, las que son eternas.

Aprendemos de la iglesia de Laodicea que es preferible ser frío o caliente. La persona fría, al menos, no oculta su frialdad y podríamos decir que no disimula su estado. Quien es caliente demuestra que está lleno del fuego de Dios, probado y purificado a través de las pruebas. El problema del tibio es que se convierte en pura apariencia y engaño. Aunque asiste a la iglesia, canta alabanzas y aparenta muy bien el papel de adorador y servidor, en realidad no tiene a Dios como prioridad, evidenciando no tener la temperatura que Dios busca. El estado de tibieza tiene su origen en una decisión propia, que lleva a la expulsión. ¿Qué es lo que nos hace tibios? Aferrarnos a lo que poseemos: nuestra casa, nuestro auto, las cosas materiales, el trabajo, el entretenimiento efímero; el afán por estas cosas nos convierten en tibios. No es que no podamos tener ninguna de estas cosas, por el contrario, glorificamos a Dios en cada una de estas bendiciones que Él nos da. La clave está en reconocer y darle gloria a Dios por lo que tenemos, sin aferrarnos a ello ni ponerlo en primer lugar. Muchos pretenden seguir a Cristo, pero su corazón está puesto en lo material, aparentando ser calientes cuando realmente son tibios.

Dios siempre, como lo hizo con la iglesia de Laodicea, nos va a dar la oportunidad de tomar las decisiones correctas. Nos da la oportunidad de ponerlo a Él en el primer lugar. Así lograremos que Dios mismo tome una decisión respecto de nosotros, la cual esperemos sea "cenaré con él, y él conmigo", en lugar de "te vomitaré de mi boca".

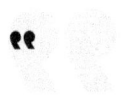 EL PROBLEMA DEL TIBIO ES QUE SE CONVIERTE EN PURA APARIENCIA Y ENGAÑO.

Cuando regrese a buscarnos, no habrá tiempo de empezar a calentarnos, no habrá tiempo para decir: "Por favor, espérame un poco para ponerte en primer lugar". Cuando Él vuelva por su Iglesia, ya deberíamos estar avivados y con temperaturas altas provocadas por el fuego del Señor. Ahora es el tiempo para llenarnos de su fuego y darle la gloria al número uno: Jesucristo, Rey de reyes y Señor de señores.

> "Y en su vestidura y en su muslo tiene escrito este nombre: Rey de Reyes y Señor de Señores".
> APOCALIPSIS 19:16

Quiero compartirte algo que he aprendido sobre la decoración de casas. Creo que cada casa es única, con su propio estilo y tamaño. Lo que funciona en una casa en términos de decoración, quizá no funcione en otra. Sabemos que pronto seremos trasladados de este mundo a un lugar celestial donde todo será nuevo. Nuestras posesiones terrenales no tendrán valor allí, a menos que las utilicemos ahora para difundir el mensaje de Dios y llevar a otros a Cristo. Así, nuestras ofrendas terrenales pueden tener un impacto eterno.

No podemos poner nuestras posesiones terrenales como primer lugar porque ellas no se pueden comparar con lo que Dios tiene preparado para nosotros. Ser tibios es como decirle a Dios: "Quiero ir a tu casa, pero como lo mío es primero que lo tuyo, quiero llevar mis cosas y acomodarlas a mi manera". Esto significa imponer nuestras condiciones a Dios basándonos en lo que poseemos aquí. No debemos perder de vista nuestro verdadero objetivo que es la salvación en Cristo Jesús, y no aferrándonos a lo que tenemos, ya sea que lo perdamos o no. Debemos vivir conscientes de que lo que Dios ha preparado para nosotros es mucho mayor y más grandioso. Nos espera una mudanza a un nuevo lugar, donde no necesitaremos nuestras riquezas; Dios nos dará todo nuevo.

NUESTRAS OFRENDAS TERRENALES PUEDEN TENER UN IMPACTO ETERNO.

La misericordia de Dios es tan grande que, a pesar de todo, ofreció un consejo a esta iglesia, diciéndole: "Por tanto, yo te aconsejo que de mí compres oro refinado en fuego, para que seas rico, y vestiduras blancas para vestirte, y que no se descubra la vergüenza de tu desnudez; y unge tus ojos con colirio, para que veas". Este versículo muestra que son más valiosas las pertenencias eternas en gloria.

El perdón es una herramienta poderosa y debemos utilizarla ahora mismo para poner a Dios en primer lugar. Sin embargo, algunos creen que pedir perdón es algo de que avergonzarse, cuando en realidad no es así. Nosotros nos arrepentimos y pedimos perdón porque valoramos profundamente lo que es de Dios. Lo hacemos para no ser indiferentes, para no fingir ante los demás, porque deseamos que otros vean a Dios reflejado en nuestra vida. Nos arrepentimos y pedimos perdón porque no queremos darles más valor a nuestros deseos que a los de Dios.

> DIOS SIEMPRE, COMO LO HIZO CON LA IGLESIA DE LAODICEA, NOS VA A DAR LA OPORTUNIDAD DE TOMAR LAS DECISIONES CORRECTAS.

Dios nunca te obligará. Él te ofrece una invitación y tú eliges responder. Tú tienes la llave de tu propio corazón. Por eso, Él concluye sus mensajes diciendo: "El que tiene oído, oiga lo que el Espíritu dice a las iglesias". ¿Y sabes por qué lo dice? Porque Dios no ha dejado de comunicarse contigo o conmigo, y seguirá hablando a sus hijos hasta que logremos escucharlo y entenderlo. Lo hermoso de pedir perdón y arrepentirse es que este acto viene con una recompensa: seremos triunfadores y Él nos dará el honor de sentarnos junto a Él en su trono, de la misma manera que Él venció y se sentó junto a su Padre.

"Yo conozco tus obras, que ni eres frío ni caliente. ¡Ojalá fueses frío o caliente! Pero por cuanto eres

> tibio, y no frío ni caliente, te vomitaré de mi boca. Porque tú dices: Yo soy rico, y me he enriquecido, y de ninguna cosa tengo necesidad; y no sabes que tú eres un desventurado, miserable, pobre, ciego y desnudo. Por tanto, yo te aconsejo que de mí compres oro refinado en fuego, para que seas rico, y vestiduras blancas para vestirte, y que no se descubra la vergüenza de tu desnudez; y unge tus ojos con colirio, para que veas. Yo reprendo y castigo a todos los que amo; sé, pues, celoso, y arrepiéntete. He aquí, yo estoy a la puerta y llamo; si alguno oye mi voz y abre la puerta, entraré a él, y cenaré con él, y él conmigo. Al que venciere, le daré que se siente conmigo en mi trono, así como yo he vencido, y me he sentado con mi Padre en su trono. El que tiene oído, oiga lo que el Espíritu dice a las iglesias".
>
> APOCALIPSIS 3:15-22

¿Quieres saber qué significa realmente ser rico? Es demostrar valor, calidad y fuerza, especialmente cuando las cosas se ponen difíciles. Ese es el oro que debemos comprar, el que está purificado con el fuego del Señor, el que es calentado para no tener impurezas. De la misma manera, Dios nos está refinando con su fuego, porque nos ama y quiere que vivamos por su fuego. Él desea que nos arrepintamos, que nos acerquemos más a Él y que lleguemos a ser las personas que Él sabe que podemos ser. Dios nunca nos abandona; al contrario, nos extiende su mano. Tenemos que aferrarnos a nuestra fe y no dejarla de lado. Permitamos que ese mismo fuego nos avive.

¿Y AHORA QUÉ?

Desde niña he escuchado cientos de prédicas referentes a los tiempos finales y el regreso poderoso de Jesucristo para buscar su Iglesia fiel. ¿Cómo negarlo? En una ocasión, un pastor le dijo a mi esposo Nelson: *"Oye, pero hasta ahora Cristo no ha venido"* y Nelson le contestó: *"Pero yo lo sigo esperando"*. La respuesta del pastor fue: *"Bueno, hasta ahora yo voy ganando porque Él no ha llegado aún; el día que Él venga, entonces habrás ganado tú"*. Sinceramente este tema no se trata de quién gana o quién pierde, se trata de estar listos para lo que nos espera, una gloria eterna.

> DIOS NUNCA TE OBLIGARÁ. ÉL TE OFRECE UNA INVITACIÓN Y TÚ ELIGES RESPONDER. TÚ TIENES LA LLAVE DE TU PROPIO CORAZÓN.

En un capítulo anterior, compartí algunos versículos que quisiera recordar antes de concluir este libro. Estos versículos resaltan el papel extraordinario del fuego en los acontecimientos de los últimos tiempos.

El Apóstol Pablo describe la segunda venida de Cristo como llamas de fuego: "Esto sucederá cuando el Señor Jesús se manifieste desde el cielo entre llamas de fuego, con sus poderosos ángeles" (2 Tesalonicenses 1:7, NVI). Este versículo nos afirma que Él vendrá de forma visible y gloriosa y nos recuerda su poder y autoridad al mencionar sus ángeles que vendrán con Él.

Además, en la visión que tiene en la isla de Patmos, Juan describe los ojos de Jesús "como llama de fuego" (Apocalipsis 1:14; 2:18; 19:12). Aunque la imagen de "llama de fuego" a veces puede ser real, también puede ser considerada una metáfora. Aun así, esta imagen de la que habla Juan es poderosa, porque resalta la divinidad, el poder y la sabiduría de Jesucristo.

> AHORA ES EL TIEMPO PARA LLENARNOS DE SU FUEGO Y DARLE LA GLORIA AL NÚMERO UNO: JESUCRISTO, REY DE REYES Y SEÑOR DE SEÑORES.

Concluyo este libro expresando mi anhelo por el momento en que su Iglesia será levantada. Una Iglesia entregada a la adoración continua y ardiendo con su fuego, para ser transformada y purificada de una vez y para siempre.

> "Y en los postreros días, dice Dios,
> Derramaré de mi Espíritu sobre toda carne,
> Y vuestros hijos y vuestras hijas profetizarán;
> Vuestros jóvenes verán visiones,
> Y vuestros ancianos soñarán sueños;

> Y de cierto sobre mis siervos y sobre mis sierva en aquellos días
> Derramaré de mi Espíritu, y profetizarán.
> Y daré prodigios arriba en el cielo,
> Y señales abajo en la tierra,
> Sangre y fuego y vapor de humo;
> El sol se convertirá en tinieblas,
> Y la luna en sangre,
> Antes que venga el día del Señor,
> Grande y manifiesto;
> Y todo aquel que invocare el nombre del Señor, será salvo".
>
> HECHOS 2:17-21

Este pasaje bíblico es el sermón que el apóstol Pedro pronunció después de que los discípulos comenzaron a hablar en lenguas. La cita es una profecía del libro de Joel (2:28-32) que habla de lo que sucederá en los últimos tiempos e interpreta este acontecimiento como una confirmación de que están viviendo en los "últimos días" predichos por Joel. Pero, si Pedro entendía que aquellos eran los últimos días, ¿cuáles son estos tiempos en los que vivimos ahora?

Estos versículos siguen siendo relevantes para estos tiempos porque hablan del derramamiento del Espíritu Santo y de cómo Dios quiere equiparnos con su poder para servirle y llevar su mensaje al mundo antes del gran acontecimiento. Esta profecía señala que Dios mismo tiene y tendrá comunicación directa con su pueblo para hacer grandes obras. Son también una promesa de que Dios sigue dispuesto a trabajar hoy de manera sobrenatural en nuestras vidas y comunidades, capacitándonos para cumplir su propósito y llevar a cabo su obra en el mundo. El texto nos anima a buscar una relación profunda con Él y a estar abiertos a su guía y dirección a través del Espíritu Santo.

Deseo que las enseñanzas de cada una de las iglesias mencionadas en el libro de Apocalipsis sean un bálsamo de revelación para ti y los tuyos. Que sirva de motivación para adherir a las propuestas de Dios para nosotros. Preparémonos, y que no nos tomen por sorpresa las teofanías de Dios que serán manifestadas en estos tiempos. Alistémonos para experimentar el poder de Dios y participar en un avivamiento que nos hará estar preparados.

DIOS SIGUE DISPUESTO A TRABAJAR HOY DE MANERA SOBRENATURAL EN NUESTRAS VIDAS.

www.ingramcontent.com/pod-product-compliance
Lightning Source LLC
Chambersburg PA
CBHW070320010526
44107CB00004B/367

www.ingramcontent.com/pod-product-compliance
Lightning Source LLC
Chambersburg PA
CBHW070320010526
44107CB00004B/369